Investitionen in Kraftwerke zur Sicherung einer zuverlässigen
Elektrizitätsversorgung nach der Energiewende

Veröffentlichungen des Instituts für deutsches und europäisches Wirtschafts-, Wettbewerbs- und Regulierungsrecht der Freien Universität Berlin

Herausgegeben von Franz Jürgen Säcker

Band 30

PETER LANG
Frankfurt am Main · Berlin · Bern · Bruxelles · New York · Oxford · Wien

Franz Jürgen Säcker (Hrsg.)

Investitionen in Kraftwerke zur Sicherung einer zuverlässigen Elektrizitätsversorgung nach der Energiewende

Rechtliche und ökonomische Rahmenbedingungen

PETER LANG
Internationaler Verlag der Wissenschaften

Bibliografische Information der Deutschen Nationalbibliothek
Die Deutsche Nationalbibliothek verzeichnet diese Publikation in der Deutschen Nationalbibliografie; detaillierte bibliografische Daten sind im Internet über http://dnb.d-nb.de abrufbar.

Gedruckt auf alterungsbeständigem, säurefreiem Papier.

ISSN 1863-494X
ISBN 978-3-631-63716-6

www.peterlang.de

Vorwort

Der geplante Ausbau der Offshore- und Onshore-Windkraftwerke im nächsten Jahrzehnt wird dazu führen, dass zusammen mit der installierten Leistung aus Solarenergieanlagen eine Kapazität aufgebaut wird, die an Tagen mit starker Wind- und Sonnenleistung die Nachfrage vollständig decken kann und sogar erlaubt, Windstrom in benachbarte Staaten zu exportieren. Das gilt allerdings nur für 100 Tage im Jahr. Die Ganglinien der zeitgleichen Summenleistung aller Übertragungsnetzbetreiber aus dem Jahr 2011 zeigen, dass von der gesamten installierten Nennleistung aller Onshore- und Offshore-Kraftwerke (derzeit 30 GW) im Mittelwert nur 20 % der Nennleistung zur Verfügung stehen. Daran wird sich auch in Zukunft nicht viel ändern. Der Einspeisevorrang für erneuerbare Energien bedeutet unter diesen Umständen, dass, wenn die volle Kapazität der Onshore- und Offshore-Anlagen zur Verfügung steht, alle anderen Kraftwerke (Kohle- und Kernkraftwerke) heruntergefahren werden müssen. In spätestens 10 Jahren ist damit zu rechnen, dass die Auslastung der vorhandenen konventionellen Kraftwerke so gering ist, dass sich eine Investition in neue Kraftwerke nicht lohnt, weil die Einsatzzeiten aller Voraussicht nach zu gering sein werden. Hinzu kommt, dass die Bereitstellung von Spitzen- und Ausgleichsenergie zur Überbrückung wind- und sonnenarmer Zeiten nicht exklusiv neuen deutschen Gaskraftwerken vorbehalten bleiben kann, sondern im EU-Single-Market für Energie auch alle Kraftwerke aus den europäischen Nachbarstaaten Energie nach Deutschland liefern können. Es ist daher nicht vertretbar, zum gegenwärtigen Zeitpunkt bereits zu sagen, dass auch nach Abschaltung aller Kernkraftwerke die Sicherheit der Energieversorgung in Deutschland gewährleistet sei. Eine solche Aussage muss zunächst durch neu zu schaffende Tatsachen untermauert werden.

Hinzu kommt, dass die Versorgungssicherheit auch netzmäßig nicht gesichert ist. Die elektrotechnische Bewältigung der Transporte der onshore und offshore erzeugten Windenergie nach Süddeutschland bedarf erheblicher Anstrengungen. Der Ausbau der Übertragungsnetze muss drastisch beschleunigt werden, um die erforderlichen 3600 Kilometer neuer „Super-grids“ zeitgerecht zur Verfügung zu haben. Die Verteilnetze müssen mit hohem Aufwand zu intelligenten Netzen in smart markets umgebaut werden. Ob die neu geschaffenen rechtlichen Regelungen und die Regulierungskraft der Bundesnetzagentur ausreichend sind, um den notwendigen Ausbau der Infrastruktur unter angemessener Bürgerbeteiligung zu erreichen, wird sich erst in Zukunft herausstellen.

Nicht sicher ist auch, ob eine langfristige Versorgung Deutschlands mit Erdgas im Winter bei planmäßig bzw. planwidrig reduzierten Importen durch Gasspeicher zuverlässig gewährleistet werden kann. Insoweit stellen sich Fragen, auf die der vorliegende Tagungsband verständlicherweise keine kompletten Antworten bieten kann. Er zeigt aber auf, unter welchen Bedingungen privatwirtschaftliche Investitionen in neue Kraftwerke ohne staatliche Subventionen zu erwarten sind. Die deutsche Energiepolitik wird - notfalls mit europäischer Nachhilfe - noch lernen müssen, durch Änderung des EEG für den notwendigen konventionellen Kraftwerksbau (Gaskraftwerke, Kohlekraftwerke möglichst mit CCS-Technologie) die wirtschaftlichen Voraussetzungen zu schaffen. Mir scheint der Diskussionsbeitrag des Vorsitzenden der IG Bergbau und Chemie, Michael Vassiliadis, sehr erwägenswert, eine Grundlast der Stromversorgung von etwa 20 % durch grundlastfähige Kraftwerke zu sichern, für die dann auch ohne Weiteres Investoren gefunden werden könnten. Der Einspeisevorrang für erneuerbare Energien dürfte dann erst jenseits dieser Grundversorgung eingreifen. Dies würde auch sicherstellen, dass Blackout-Situationen in Zukunft wesentlich sicherer vermieden werden können als etwa im Dezember 2011 und im Februar 2012, wo das Übertragungsnetz nur mühselig mit Hilfe der aktivierten Kaltreserve stabil gehalten werden konnte.

Berlin, im Februar 2012

Franz Jürgen Säcker

Geleitwort

Der vorliegende Tagungsband geht auf ein rechtswissenschaftliches Symposium zurück, das am 13.01.2011 in Essen vor gut 100 Teilnehmern stattfand. Es freut uns sehr, dass wir das renommierte enreg. Institut für Energie- und Regulierungsrecht Berlin e.V. und seinen geschäftsführenden Direktor Prof. Dr. Dr. Dr. h.c. Franz Jürgen Säcker gewinnen konnten, die Veranstaltung gemeinsam mit der RWE AG auszurichten und zu moderieren.

Mit Symposium und Tagungsband knüpft die RWE AG an die Tradition des regelmäßigen energierechtlichen Gedanken- und Erfahrungsaustauschs zwischen Rechtswissenschaft, Staat und Industrie an. Nur durch den offenen Diskurs werden Unternehmen, Behörden und Gesetzgeber in die Lage versetzt, berechtigte Anliegen der jeweils anderen Seite nachzuvollziehen und in der eigenen Entscheidungsfindung sachgerecht zu berücksichtigen. Es ist das besondere Anliegen unseres Konzerns, auch die Rechtswissenschaft in diesen Dialog einzubeziehen, da sie das weiterhin im Fluss befindliche Energierecht in besonderem Maße sowohl de lege lata als auch de lege ferenda in wissenschaftlicher Unabhängigkeit mitgestalten kann und soll, um so an der Schaffung eines verlässlichen und sachgerechten Ordnungsrahmens mitzuwirken. Die Veranstaltung steht somit ganz unter dem bekannten Leitsatz, dass Praxis ohne Wissenschaft blind, Wissenschaft ohne Praxis leer ist.

Das gewählte Thema „Investitions- und Finanzierungssicherheit" beleuchtet ein grundlegendes Spannungsverhältnis in regulierten Industrien mit hoher Kapitalintensität, wie es die Energiewirtschaft zweifellos ist. Konkret hat jeder Marktteilnehmer zu entscheiden, mit welchem Risikoappetit und unter Zugrundelegung welcher Renditeerwartung er zu signifikanten Investitionen bereit ist, deren Rentabilität wiederum in hohem Maße von der zeitlichen und inhaltlichen Verläss-lichkeit des konkreten rechtlichen Ordnungsrahmens bzw. der rele-vanten regulatorischen Vorgaben abhängt.

Der Tagungsband ist auch ein treffliches Beispiel dafür, dass das Thema der Veranstaltung im Zeitablauf zwischen Symposium und Veröffentlichung keinesfalls an Relevanz verloren hat. Ganz im Gegenteil: Lag dem Symposium am 13.01.2011 noch die Laufzeitverlängerung der Kernenergie aus dem „Herbst der Entscheidungen" 2010 zu Grunde, entschied sich die Bundesregierung nur drei Monate später nach den Ereignissen in Fukushima zu einem beispiellosen politischen Richtungsschwenk und beschloss den vollständigen Ausstieg aus der Kernenergie bis zum Jahresende 2022.

Vor diesem Hintergrund haben die Tagungsbeiträge nochmals deutlich an Relevanz gewonnen, etwa indem Prof. Dr. Jürgen Kühling, Universität Regensburg, eine inhaltliche und zeitliche Konsistenz des Ordnungsrahmens fordert. Dabei differenziert er zwischen den rechtsstaatlichen Geboten der Normenklarheit und Bestimmtheit, der Widerspruchsfreiheit der Rechtsordnung und dem Vertrauensschutz auf der einen Seite sowie Forderungen nach rechtspolitischer Vernünftigkeit und der Warnung vor „Regulierungshektik" auf der anderen Seite.

Professor Weber, Universität Essen-Duisburg, konstatiert, dass gerade vor dem Hintergrund der jüngsten Energiewende weitere tiefgreifende kapitalintensive Veränderungen angekündigt und erforderlich sind, gleichzeitig aber wegen der Vielzahl politischer Markteingriffe eine eher geringe Investitionsbereitschaft zu verzeichnen ist. Verlässliche politische Rahmenbedingungen würden sich demgegenüber in erhöhter Investitionsbereitschaft niederschlagen und die Gefahr von Marktturbulenzen reduzieren. Bei der Bewertung von Investitionen werden Energieunternehmen zukünftig nicht nur buchhalterische Sorgfalt walten lassen, sondern auch den energiewirtschaftlichen Ordnungs-rahmen noch genauer als bisher analysieren müssen.

Mit dem Förderfondsvertrag zwischen der Bundesrepublik Deutschland und den deutschen Kernenergieunternehmen beleuchten die Rechtsanwälte Wolfers, Voland und Wollenschläger, Freshfields Bruckhaus Deringer, ein sehr plastisches Anschauungsobjekt der - mangelnden - Investitionssicherheit in der deutschen Energiewirtschaft. Bezweckte dieser Vertrag doch ursprünglich, die wirtschaftlichen Folgen einer Gesetzesnovellierung, nämlich der zwischenzeitlichen Laufzeitverlängerung der 11. AtG-Novelle, auf konsensualer Basis langfristig abzuschöpfen. Nur drei Monate nach Inkrafttreten des Vertrags fiel seine Geschäftsgrundlage jedoch wieder weg, da die Bundesregierung die vielzitierte Energiewende und den Kernenergieausstieg bis spätestens 2022 beschloss.

Prof. Dr. Säcker, FU Berlin, der die Veranstaltung sehr fachkundig und souverän moderierte, weist in seiner einleitenden Bemerkung auf die vom Gesetzgeber zu beachtenden EU-rechtlichen Vorgaben für die Gestaltung des neuen Energierechts hin, wobei nicht nur die sektorspezifischen sekundären Energie-Richtlinien, sondern auch das Primärrecht, insbesondere die EU-Grundrechte und Grundfreiheiten der Unternehmen zu beachten sind.

Dr. Rolf Pohlig, RWE, geht in seinem Beitrag auf die Strompreisbildung auf liberalisierten Großhandelsmärkten ein, die wiederum langfristig die Attraktivität von Kraftwerksneubauten determiniert. Neben der mangelnden gesellschaftlichen Akzeptanz sind derzeit insbesondere unzuverlässige regulatorische und politische Rahmenbedingungen erhebliche Risikofaktoren für Investitionsentscheidungen. Prominentes Beispiel ist die EEG-Förderung, insbesondere für Photovoltaik, die einen zunehmenden ökonomischen Verdrängungseffekt zu Lasten konventioneller Gaskraftwerke entfaltet. Die Energiewirtschaft droht somit insgesamt zu einem Beispiel für staatliche Interventionsspiralen zu werden, wonach regulatorische und politische Eingriffe in ein marktwirtschaftliches System automatisch weitere Interventionen nach sich ziehen, um das gewünschte oder geplante Gesamtergebnis zu erzielen.

Mit der Veröffentlichung des Tagungsbands geht die Absicht und Erwartung einher, einen Beitrag für das zentrale Anliegen der Energiewirtschaft - nämlich Investitionssicherheit in einem verlässlichen Ordnungsrahmen - zu leisten, sowie eine ausgewogene rechtliche und rechtsstaatliche Diskussion mit anzustoßen.

Essen, im Februar 2012

Dr. Ulrich Rust, LL.M.
RWE AG
stellv. Leiter Recht

Gliederung

Kraftwerksinvestitionen - rechtliche und ökonomische Anforderungen aus Unternehmenssicht
(Rolf Pohlig*)

A. Abstract

Die Strommärkte in der Europäischen Union sind seit den 90er Jahren liberalisiert, Deutschland seit nunmehr 13 Jahren. Seitdem bilden sich Strompreise im Großhandel aufgrund von Angebot und Nachfrage an europäischen Strombörsen. Diese an den Großhandelsmärkten gebildeten Preise für Strom stellen einerseits einen Bestandteil der Endkundentarife dar und liefern andererseits Anreize für (Kraftwerks-)Investitionen. Strompreisbildung und Investitionsentscheidungen erfolgen insofern unter wettbewerblichen Bedingungen.

Gegenläufig sind jedoch zunehmend staatliche Eingriffe in die Strompreisbildung und damit in den Wettbewerbsmarkt zu beobachten. Ein prominentes Beispiel hierfür ist das Erneuerbare-Energien-Gesetz (EEG). In besonderem Maße trifft dies auf die Förderung der Photovoltaik zu. Solche staatlichen Eingriffe sind problematisch, da Kraftwerksinvestitionen von hohen Unsicherheiten geprägt sind: vor allem äußerst lange Laufzeiten sowie höchst volatile Strompreise. Fehlt es an verlässlichen regulatorischen und politischen Rahmenbedingungen, verringert sich die Planbarkeit, das Vertrauen der Kapitalgeber sinkt und es vermindern sich die Investitionsanreize.

B. Einleitung / Übersicht

Aus ökonomischer Perspektive wird eine Investition vorgenommen, wenn der Kapitalwert als Beurteilungskriterium positiv ist. Ein positiver Kapitalwert gewährleistet, dass das eingesetzte Kapital zurückgeführt und angemessen verzinst sowie noch etwas ‚on top' verdient wird. Bei Investitionsentscheidungen in der Energiewirtschaft sind zudem einige

* Dr. Pohlig ist Finanzvorstand (CFO) bei der RWE AG in Essen.

Besonderheiten zu beachten. Bezogen auf Kraftwerksinvestitionen sind die wesentlichen Charakteristika (i) hohe Anfangsausgaben, (ii) sehr lange technische Nutzungsdauern und (iii) die Preisbildung auf den Strom- und Rohstoffmärkten. Das Verständnis des marktwirtschaftlichen Prozesses der Strompreisbildung ist dabei eine Grundvoraussetzung sowohl zur Investitionsbeurteilung als auch für die Diskussion von Rahmenbedingungen für Investitions- und Finanzierungssicherheit der Energiewirtschaft.

Hieraus ergibt sich für den vorliegenden Beitrag die nachstehende Gliederung: Zunächst gilt es, die ökonomischen Spezifika des Produkts Strom, die Preisbildung auf Wettbewerbsmärkten im Allgemeinen und auf dem Stromgroßhandelsmarkt im Besonderen zu erläutern (Kapitel 2). Sodann stehen Kraftwerksinvestitionen im Mittelpunkt der Betrachtung, wobei neben den bereits skizzierten Eigenschaften auch ein - vereinfachter - Überblick in die Wirtschaftlichkeitsrechnung für Kraftwerke gegeben wird (Kapitel 3). Wenn das aktuelle Marktdesign ausreichend Anreize zur Aufrecherhaltung und Erneuerung der Kraftwerkskapazität liefert, stellt sich die Frage, welche Auswirkungen zunehmende regulatorische Eingriffe in den wettbewerblichen Preisbildungsprozess haben. Ein prominentes Beispiel hierfür ist die EEG-Förderung, vor allem die der Photovoltaik (Kapitel 4). Auf dieser Basis lassen sich abschließend (Kapitel 5) aus Unternehmenssicht rechtliche und ökonomische Anforderungen für Investitionsentscheidungen formulieren.

Bevor die Strompreisbildung auf dem Großhandelsmarkt im nächsten Kapitel näher beleuchtet wird, ist ein kurzer historischer Rückblick auf den deutschen Strommarkt angezeigt. Die wesentlichen Charakteristika des Elektrizitätsmarkts vor und nach seiner Liberalisierung fasst Abb. 1 zusammen:[1]

---

1 Vgl. ausführlich etwa *Frenzel*, Stromhandel und staatliche Ordnungspolitk, 2007, S. 53ff. m.w.N.

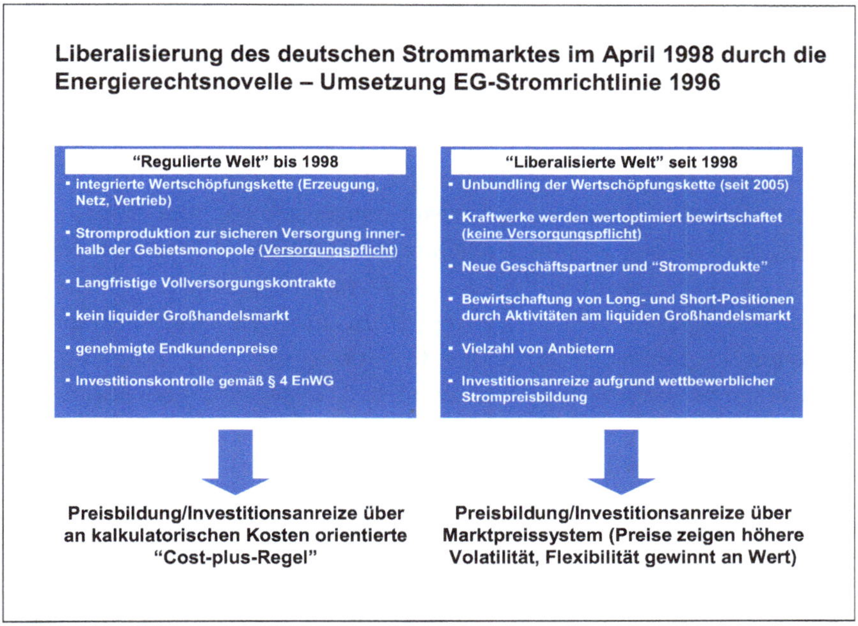

Abb. 1: Regulatorischer Wandel in der Energiewirtschaft im Überblick

Bis zur Liberalisierung durch die Energierechtsnovelle im April 1998 genossen die Versorgungsunternehmen in ihren jeweiligen Versorgungsgebieten eine rechtlich abgesicherte Monopolstellung, hatten aber andererseits auch für Versorgungssicherheit zu sorgen. Innerhalb ihrer jeweiligen Gebiete galt ein einheitlicher Tarif. Dieser Tarif richtete sich nach einer an den kalkulatorischen Kosten orientierten Cost-plus-Regel[2] und unterlag der Preisaufsicht und Genehmigung gemäß § 12 der Bundestarifordnung Elektrizität (BTO Elt). Lediglich Großkunden konnten in bestimmten Grenzen individuelle Preise aushandeln.[3] Daneben gab es eine Investitionskontrolle gemäß § 4 Abs. 2 Energiewirtschaftsgesetz (EnWG),[4] die zwar nicht mit einem staatlichen Ge-nehmigungsvorbehalt

---

2 Vgl. *Seeliger*, Zeitschrift Wirtschaftsdienst, 2000, S. 661f.

3 Vgl. *Seeliger*, (Fn. 70), S. 661.

4 Vgl. *Frenzel*, (Fn. 69), S. 58ff.; *Schiffer*, Energiemarkt Deutschland, 10. Aufl., 2008, S. 224 ff., jeweils m.w.N.

gleichzusetzen war, jedoch die Anzeigepflicht des Betreibers mit einer Untersagungsmöglichkeit durch die Aufsichtsbehörde beinhaltete.[5]

Im Gegensatz zu dieser monopolistischen Marktstruktur bildet sich in einem liberalisierten Marktdesign der Strompreis durch Angebot und Nachfrage.[6] Von diesem Preis und der erwarteten Preisbildung in der Zukunft gehen entsprechende Investitionsanreize für den Neubau von Erzeugungskapazitäten aus; eine Garantie, bestimmte Preise in der Zukunft zu erzielen, hat das investierende Unternehmen jedoch nicht. Andererseits besteht keine Versorgungspflicht. Insofern kann auf dem liberalisierten Strommarkt - zumindest temporär - ein Über- oder Unterangebot an Erzeugungskapazitäten entstehen. Dies wird gemeinhin auch als Kennzeichen eines funktionierenden Marktes angesehen.[7] Der Verbraucher hat die Wahl zwischen einer Vielzahl von Versorgungsunternehmen und Tarifen. Entgelte für den weiterhin monopolistisch organisierten Transport und die Verteilung von Strom werden vom staatlichen Regulator bestimmt.

Die mit der Liberalisierung des Elektrizitätsmarktes vielfach erhoffte Senkung des Strompreises hat sich allerdings auf den ersten Blick nicht eingestellt.[8] Bei einer Betrachtung der Entwicklung der monatlichen Stromrechnung für einen Drei-Personen-Haushalt seit 1998 fällt ein Anstieg um 38% auf (vgl. Abb. 2).

Diese Preissteigerung wird bisweilen zum Anlass genommen, um - in teils reißerischer Aufmachung - den Energieversorgern in Deutschland missbräuchliches Verhalten vorzuwerfen.[9] Dabei wird häufig verkannt,[10]

---

5 Vgl. *Papier*, Staatliche Einwirkungen auf die Energiewirtschaft, in *Wilke*: FS zum 125-jährigen Bestehen der Juristischen Gesellschaft zu Berlin, 1984, S. 539.

6 Vgl. bspw. *Konstantin*, Praxisbuch Energiewirtschaft, 2. Aufl., 2006, S. 41 zu den Merkmalen eines liberalisierten Energiemarktes m.w.N.

7 Vgl. etwa *Schiffer*, (Fn. 72), S. 387.

8 Vgl. bspw. *Ockenfels*, Neun Beobachtungen zur Preisbildung im liberalisierten Strommarkt: Darf man seiner Intuition vertrauen?, 2008, S. 1.

9 Vgl. jüngst *Leprich/Junker*, Stromwatch 3: Energiekonzerne in Deutschland, 2010; wie auch bereits *Leprich/Junker*, Stromwatch 2: Die vier deutschen Energiekonzerne, 2009 oder *Leprich*, Die vier großen deutschen Energieunternehmen

dass die direkt[11] vom Staat festgelegten Preiskomponenten der Stromrechnung für Privatpersonen in den letzten zwölf Jahren um 131% angestiegen sind. So belief sich der Staatsanteil im Jahr 2010 auf rund 41%, während er 1998 lediglich knapp 25% betragen hat:[12] eine Steigerung von 12,4 € je Monat auf 28,6 € je Monat. In diesen staatlichen Maßnahmen ist der wesentliche ‚Kostentreiber' der Strompreisentwicklung zu sehen. Dabei erweist sich in jüngerer Vergangenheit vor allem die Förderung nach dem EEG als maßgebliche Ursache für den Anstieg der Haushaltsstromrechnungen. Weitere politisch bedingte Lasten waren neben der Anhebung der Mehrwertsteuer die Förderung der Kraft-Wärme-Koppelung[13] sowie die Einführung der Stromsteuer.

---

unter der Lupe, 2007; Zu einer Replik vgl. *Erdmann*, Replik auf die Kurzstudie „Stromwatch 3: Energiekonzerne in Deutschland", 2010. Vgl. Bundeskartellamt 2011, (http://www.bundeskartellamt.de/wDeutsch/download/pdf/Stellungnahmen/110113_Bericht_SU_Strom__2_.pdf), zu einer detaillierten Analyse der Stromerzeugung und des Stromgroßhandels, in der sich eine Zurückhaltung von Erzeugungskapazitäten nicht nachweisen ließ. Zu Strombörse und Marktmacht vgl. auch *Ockenfels*, Strombörse und Marktmacht, in: et 2007, 44 ff.

10 Vgl. statt vieler zu einer umfassenden Analyse zur Preisbildung im liberalisierten Strommarkt *Ockenfels*, (Fn. 76).

11 Unter Berücksichtigung der staatlich regulierten Netzentgelte beeinflusst der Staat rund 75% des Strompreises; lediglich 25% werden unternehmensseitig (Beschaffung, Vertrieb und Service) bestimmt, vgl. bdew, (http://www.rwe.com/web/cms/mediablob/de/403780/data/403722/4/rwe/presse-news/so-ensteht-der-strompreis/BDEW-Strompreisanalyse-Fruehjahr-2010.pdf), S. 21.

12 Vgl. zum Anstieg der staatlichen Lasten auch *Schiffer*, (Fn. 72), S. 388ff.

13 Vgl. zur Kraft-Wärme-Koppelung etwa *Konstantin*, (Fn. 74), S. 95ff.

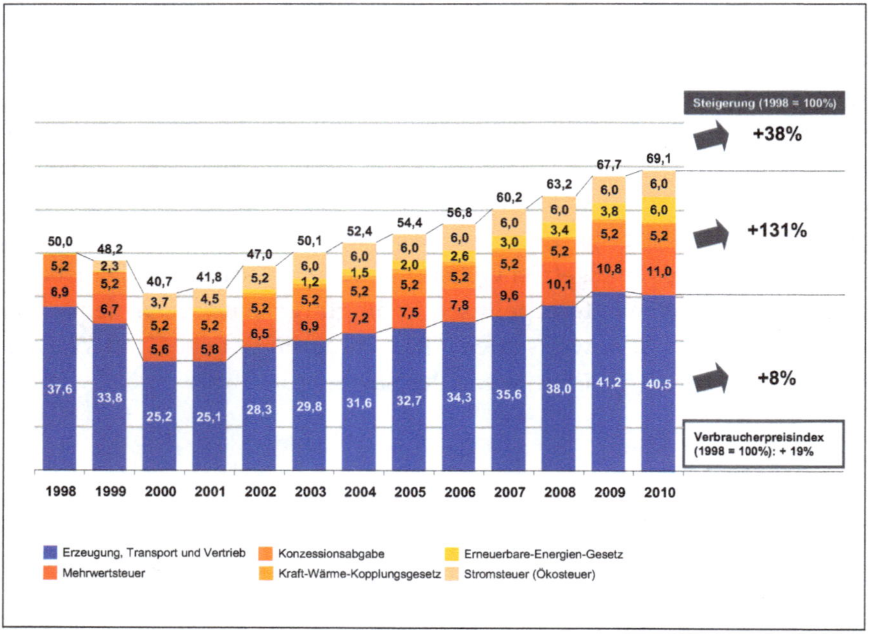

Abb. 2: *Entwicklung der durchschnittlichen Stromrechnung eines Drei-Personen-Haushalts im Monat (in €) seit 1998*[14]

Demgegenüber wuchs der auf Erzeugung, Transport und Vertrieb entfallende Anteil des Strompreises um lediglich 8% und damit weniger als der Verbraucherpreisindex im selben Zeitraum (+19%).

14 Vgl. bdew, (http://www.bdew.de/internet.nsf/id/42E50819A5083E88C1257877002D00AB/$file/Energiemarkt%20Deutschland_2010.pdf), S. 42; bdew, (http://www.bdew.de/internet.nsf/id/DE_Erneuerbare_Energien_und_das_EEG_in_Zahlen_2010/$file/10%2012%2002%20EnergieInfo_EE%20und%20EEG%20in%20Zahlen.pdf), S. 4 bei einem unterstellten Verbrauch von 3.500 Kilowattstunden pro Jahr.

C. Strompreisbildung im Wettbewerbsmarkt

I. Ökonomische Grundlagen

Das Produkt Strom weist einige Besonderheiten auf, die einen wesentlichen Einfluss auf die Strompreisbildung haben.[15] Hierzu zählen vor allem, dass

- Strom nicht effizient und nicht in großen Mengen lagerbar ist,
- die Produktion zum Zeitpunkt des Verbrauchs stattfinden muss,
- es eine hohe Fluktuation der Nachfrage gibt,
- die Nachfrage kurzfristig nicht - oder allenfalls in geringem Ausmaß - preiselastisch ist,[16]
- das Produkt Strom vollständig homogen ist und
- die Stromerzeugung auf unterschiedliche Art und mit unterschiedlichen Kostenstrukturen (fixe vs. variable Kosten) möglich ist.[17]

Die Strompreisbildung hängt wesentlich von den Grenzkosten der Produktion ab.[18] Unter Grenzkosten werden allgemein die variablen Kosten verstanden, die bei der Produktion einer zusätzlichen Outputeinheit entstehen. Dabei liefert die mikroökonomische Theorie einige grundlegende Erkenntnisse für die Preisbildung im Wettbewerb.

- Ein Produzent wird ein Produkt nur dann erzeugen, wenn er mindestens seine Grenzkosten verdienen kann.[19] Die Grenzkosten stel-

---

15 Vgl. etwa *Ockenfels*, (Fn. 76), S. 1ff.; *von Hirschhausen/Weigt/Zachmann*, Preisbildung und Marktmacht auf den Elektrizitätsmärkten in Deutschland, 2007, S. 11f.; *Erdmann/Zweifel*, Energieökonomik, 2. Aufl., 2008, S. 293ff.

16 Vgl. *Erdmann/Zweifel*, (Fn. 83), S.105-107 und S. 293 zu kurzfristigen und langfristigen Preiselastizitäten in der Energiewirtschaft und auf Strommärkten.

17 Vgl. auch *Ockenfels*, (Fn. 76), S. 2f.

18 Vgl. hierzu und im folgenden *Ockenfels*, (Fn. 76), S. 2f.

19 Vgl. zu Durchschnitts- und Grenzkosten statt vieler *Varian*, Mikroökonomie, 3. Aufl., 1994, S. 65.

len – wie auf allen wettbewerblichen Märkten – auch auf dem Strommarkt[20] kurzfristig die minimale Preisforderung dar.[21]

- Bei einem homogenen Produkt kann sich nur ein einheitlicher Marktpreis für alle Anbieter und Nachfrager ergeben, da ansonsten Arbitragemöglichkeiten bestünden.[22]
- Daraus ergibt sich des Weiteren, dass nur die Produzenten mit den niedrigsten Grenzkosten, d.h. unterhalb des einheitlichen Marktpreises, produzieren; die übrigen Anbieter produzieren nicht.
- Der Grenzanbieter, der sein Produkt zu seinen Grenzkosten anbietet, realisiert keinen Gewinn; seine Fixkosten sind nicht gedeckt.

Charakteristisch für den Strommarkt sind stark steigende Grenzkosten.[23] Ursächlich ist die fehlende Lagerbarkeit von Strom. Deshalb müssen Stromerzeugung und -verbrauch zu jedem Zeitpunkt in Ausgleich gebracht werden, da es andernfalls zu Frequenzschwankungen im Netz mit der Folge von Stromausfällen kommen kann.[24] Um dieser Flexibilitätserfordernis Rechnung zu tragen, ist die Produktion durch einen Mix heterogener Kraftwerkstypen[25] mit divergierender Kostenstruktur gekennzeichnet.[26] Sogenannte Grundlastkraftwerke (z.B. Kernkraftwerke) zeichnen sich durch hohe Fixkosten und niedrige Grenzkosten aus und produzieren in einem wesentlichen Teil des Jahres Strom; dagegen werden Spitzenlastkraftwerke (z.B. Gaskraftwerke) infolge ihrer hohen Grenzkosten, aber geringeren Fixkosten nur bei Bedarf genutzt.[27]

---

20 Vgl. zum Stromhandel etwa *Schiffer*, (Fn. 72), S. 268ff.

21 Vgl. *Ockenfels*, (Fn. 76), S. 2.

22 Vgl. *Ockenfels*, (Fn.76), S. 8f.

23 Vgl. *Ockenfels*, (Fn. 76), S. 2; *von Hirschhausen/Weigt/Zachmann*, (Fn. 83), S. 11.

24 Vgl. ewi (2010) ,(http://www.ewi.uni-koeln.de/uploads/media/EWI_Studie-negative-strompreise_BMWI.pdf), S. 9; Ockenfels, (Fn. 76), S. 2.

25 Vgl. zu technischen und wirtschaftlichen Grundlagen der Stromerzeugung etwa *Hofer*, Technische und wirtschaftliche Grundlagen, in: Bartsch, Stromwirtschaft, 2. Aufl., 2008, S. 342ff.

26 Vgl. *Ockenfels*, (Fn. 76), S. 2.

27 Vgl. *Ockenfels*, (Fn. 76), S. 3.

Zu den Grenzkosten[28] der Kraftwerke zählen im Wesentlichen ihre jeweiligen Brennstoffkosten und die Kosten für CO_2-Zertifikate.[29] Auf Basis aktueller Beschaffungspreise (= Grenzkosten) ergibt sich derzeit ungefähr folgende Reihenfolge, in der sukzessive die Leistung unterschiedlicher Kraftwerkstypen zugeschaltet wird (sogenannte Merit-Order): (i) Laufwasser, (ii) Kernkraft, (iii) Braunkohle, (iv) Steinkohle, (v) Gas und letztlich (vi) Öl.[30] Eine Ausnahmestellung in der Merit-Order nehmen die erneuerbaren Energien ein, die nach dem EEG unabhängig von ihren jeweiligen Grenzkosten eine vorrangige Stromeinspeisung genießen und eine staatlich garantierte Einspeisevergütung erhalten.[31]

Ein Ausgleich von Angebot und Nachfrage auf dem Strom-Großhandelsmarkt ergibt sich bei einem Preis (sogenannter markträumender Preis), der den Grenzkosten des letzten zur Deckung der jeweiligen Nachfrage noch benötigten Kraftwerks (sogenanntes preisbestimmendes Grenzkraftwerk) entspricht.[32]

Die folgende schematische Abbildung (vgl. Abb. 3) verdeutlicht vorstehende Prinzipien, wobei die einzelnen Farben für das Stromangebot aus unterschiedlichen Erzeugungsquellen stehen. Die Breite der Balken zeigt die Kapazität des jeweiligen Kraftwerks, die Höhe die Grenzkosten.

---

28 Zu den Grenzkosten auf Strommärkten statt vieler *Stoft*, Power System Economics, 2002, S. 60ff.

29 Vgl. *Schiffer*, (Fn. 72), S. 376; darüber hinaus zu den Opportunitätskosten *Ockenfels*, (Fn. 76), S. 4f.

30 Zur Struktur der deutschen Merit-Order vgl. *Ströbele/Pfaffenberger/Heuterkes*, Energiewirtschaft, 2. Aufl., 2010, S. 225ff.

31 Vgl. *Schiffer*, (Fn. 72), S. 376 sowie ewi (2010), (http://www.ewi.uni-koeln.de/uploads/media/EWI_Studie-negative-strompreise_BMWI.pdf), S. 9ff. bezüglich des Phänomens negativer Strompreise; *Paulun*, et 2010, S. 36ff. zu Auswirkungen der Vermarktung von EEG-Energiemengen über die Börse. Grundsätzlich zur Frage, wie erneuerbare Energien in der Merit-Order abzubilden sind vgl. *Wissen/Nicolosi*, et 2008, S. 110ff.

32 An der Strombörse muss jeder Anbieter für jede Stunde des nächsten Tages individuelle Angebote abgeben, so dass eine aggregierte Angebotsfunktion entsteht. Anlog wird an der Strombörse die Stromnachfragefunktion ermittelt, vgl. *Ockenfels*, et 2007, S. 45.

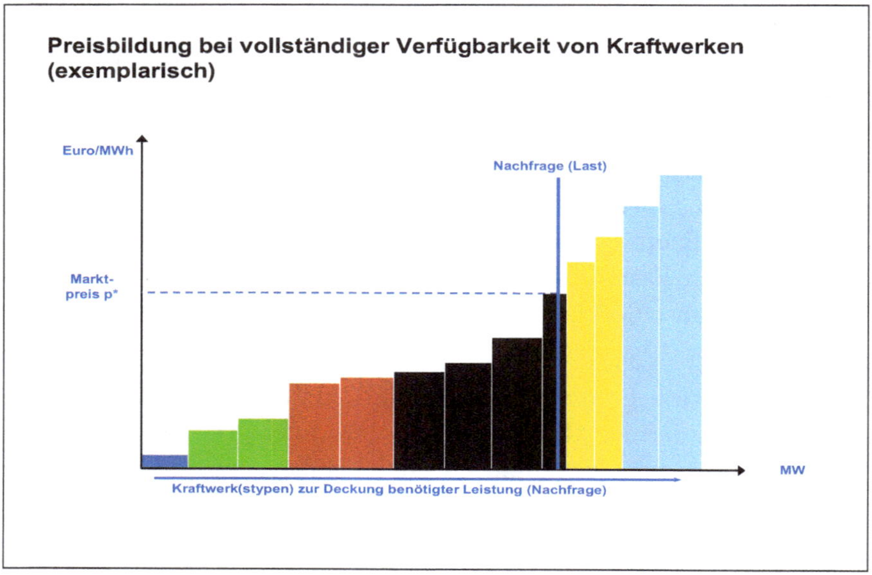

Abb. 3: Preisbildung am Strommarkt (sog. Merit-Order)

Vorbehaltlich einer Berücksichtigung der Kernbrennstoffsteuer kann auf Basis der im Januar 2011 gültigen Beschaffungskosten folgende Merit-Order für den deutschen Erzeugungspark geschätzt werden (vgl. Abb. 4):

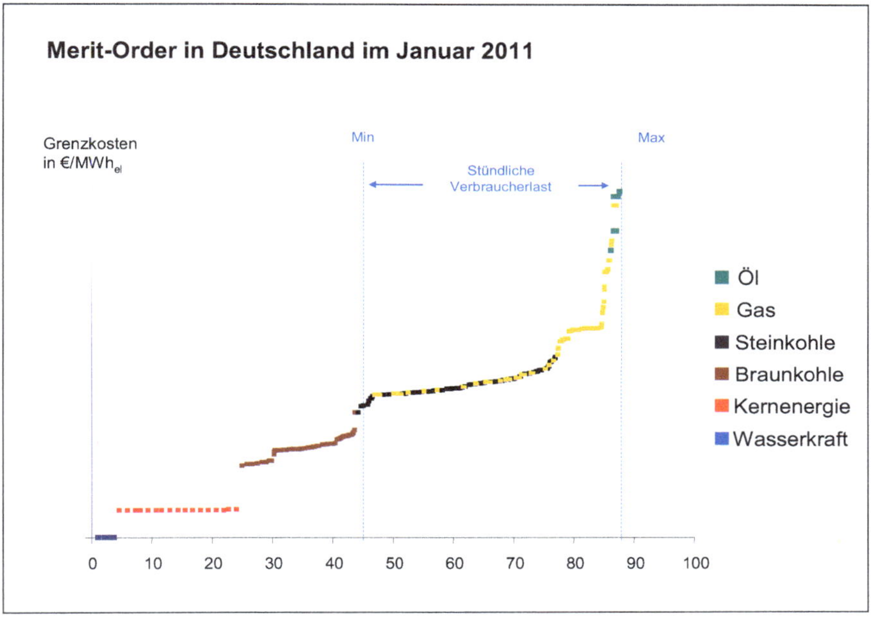

Abb. 4: Merit-Order in Deutschland im Januar 2011[33]

II. Exkurs: Kernbrennstoffsteuer und Strompreisbildung

Am 28. Oktober 2010 hat der Deutsche Bundestag das Kernbrennstoffsteuergesetz (KernbrStG)[34] verabschiedet. Es sieht die Einführung einer Steuer für Betreiber von Kernkraftwerken vor. Die Abgabe beträgt 145 € je Gramm spaltbaren Materials.[35] Die Erhebung der Kernbrennstoffsteuer ist auf die Jahre 2011 bis 2016 befristet und soll einen Beitrag zur Haushaltssanierung leisten. Der Bund verspricht sich davon Einnahmen in Höhe von 2,3 Mrd. € pro Jahr.[36]

---

33 Nach Berechnungen RWE AG.

34 Abrufbar unter http://www.gesetze-im-internet.de/bundesrecht/kernbrstg/gesamt.pdf.

35 Vgl. § 3 KernbrStG.

36 Unter http://dip21.bundestag.de/dip21/btd/17/030/1703054.pdf sind Entwurf und Begründung des KernbrStG einsehbar.

Dass die Steuer keinen Einfluss auf die Preisbildung am Großhandelsmarkt hat, zeigt vereinfachend nachstehende Abbildung (vgl. Abb. 5):

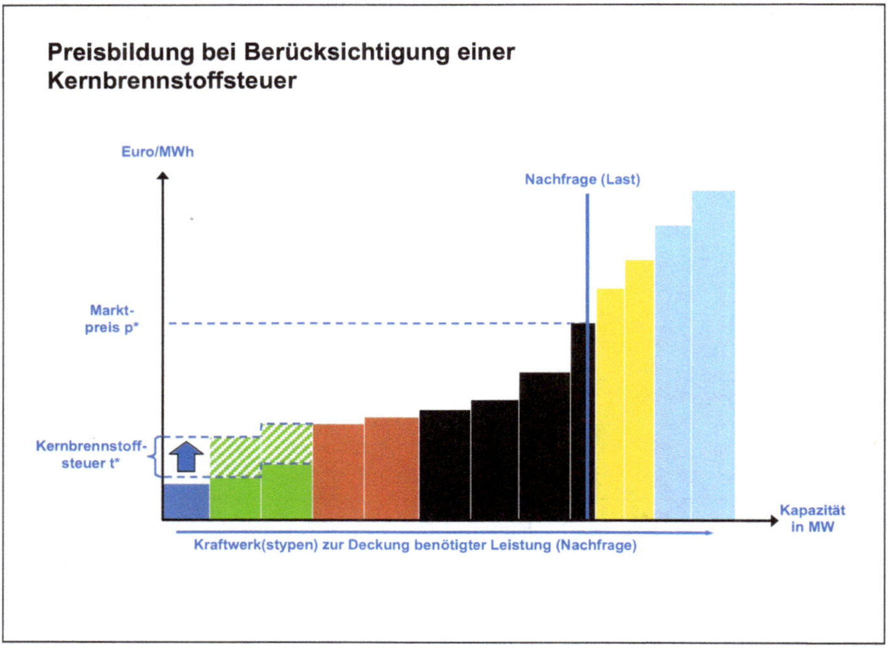

Abb. 5: *Preisbildung am Strommarkt bei Berücksichtigung der Kernbrennstoffsteuer*

Typischerweise handelt es sich bei Kernkraftwerken[37] (fast) nie um preissetzende Grenzkraftwerke. Hierfür sind ihre Grenzkosten im Vergleich zu anderen Erzeugungsarten zu gering, was durch die grünen Balken in Abb. 5 verdeutlicht wird. Die Kernbrennstoffsteuer - in Form der schraffierten Fläche in obiger Grafik - erhöht lediglich die Grenzkosten für die Kernkraftwerksbetreiber, ohne aber damit zu preissetzenden Grenzkraftwerken zu werden.

---

37 Zu einem ökonomischen Überblick und Grundlagen der Kernenergie vgl. etwa *Erdmann/Zweifel*, (Fn. 83), S. 270-290 m.w.N.

Insofern lassen sich die Belastungen aus der Kernbrennstoffsteuer nicht an die Stromkunden weitergeben,[38] sondern schmälern die Erzeugungsmargen der Kernkraftwerksbetreiber.

D. Einflussfaktoren auf die Strompreisbildung

Während Abb. 3 exemplarisch eine statische Momentaufnahme zeigt, unterliegt der Strompreis tatsächlich einer dynamischen Entwicklung. Ursächlich hierfür ist die Vielzahl von Einflussfaktoren sowohl bei der Nachfrage als auch beim Angebot von Strom. Auf die Nachfrage wirken vor allem (i) die Tageszeit, (ii) der Wochentag, (iii) die Jahreszeit, (iv) die allgemeine wirtschaftliche Entwicklung und (v) die Witterung.[39]

Der tages- und wochenspezifische Rhythmus der Stromnachfrage[40] wird anhand nachstehender Abbildung (vgl. Abb. 6) verdeutlicht, die die Netzlast des Übertragungsnetzbetreibers Amprion[41] in der ersten Kalenderwoche 2011 aufzeigt:

---

38 So heißt es auch in der Begründung zum KernbrStG: „Soweit die Kernbrennstoffsteuer auf die Strompreise übergewälzt wird, können Bund, Ländern und Kommunen Kosten aus dem Bezug von Energie entstehen. Es wird jedoch davon ausgegangen, dass eine Überwälzung der den Stromerzeugern entstehenden zusätzlichen Kosten nur in geringem Umfang möglich sein wird", vgl. auch Fußnote 104, S. 9. Vgl. *Samadi/Lechtenböhmer/Fischedik*, et 2011, S. 8ff. zu Preiseffekten des beschleunigten Kernenergieausstiegs m.w.N.

39 Vgl. auch *Ströbele/Pfaffenberger/Heuterkes*, (Fn. 98), S. 215ff. zu Bestimmungsfaktoren der Nachfrage.

40 Vgl. etwa *Schwarz/Lang*, The Rise in German Wholesale Electricity Prices: Fundamental Factors, Exercise of Market Power, or both?, 2006, S. 10f.

41 Zu weiterführenden Informationen vgl. www.amprion.net. Netzkennzahlen stehen zum Download bereit unter http://www.amprion.net/netzkennzahlen.

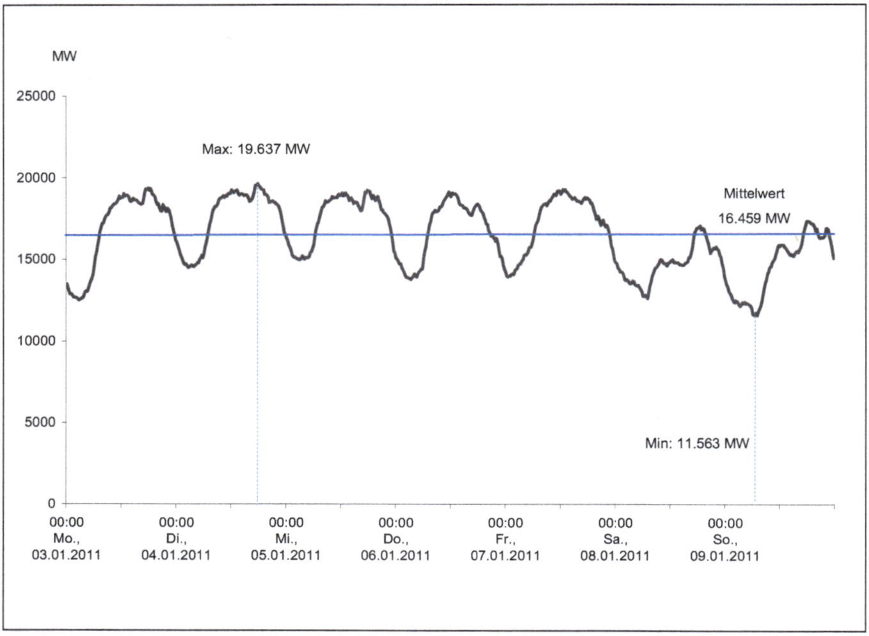

Abb. 6: Stromnachfrage Amprion 1. Kalenderwoche 2011

Deutlich zu erkennen sind die Verlaufsmuster an den Werktagen sowie am Wochenende: Üblicherweise ist die Netzlast um die Mittagszeit an Werktagen am größten, zeigt vor allem im Winter am frühen Abend ebenfalls häufig Höchstlasten, während am Wochenende die Nachfrage insgesamt gedämpft ist und nachts die geringste Nachfrage herrscht.

Wie sich eine verringerte Nachfrage modelltheoretisch auf die Preisbildung am Strommarkt auswirkt, zeigt Abb. 7: ceteris paribus werden dann die Kraftwerke mit den höchsten Grenzkosten „vom Netz" genommen, so dass der Marktpreis sinkt.

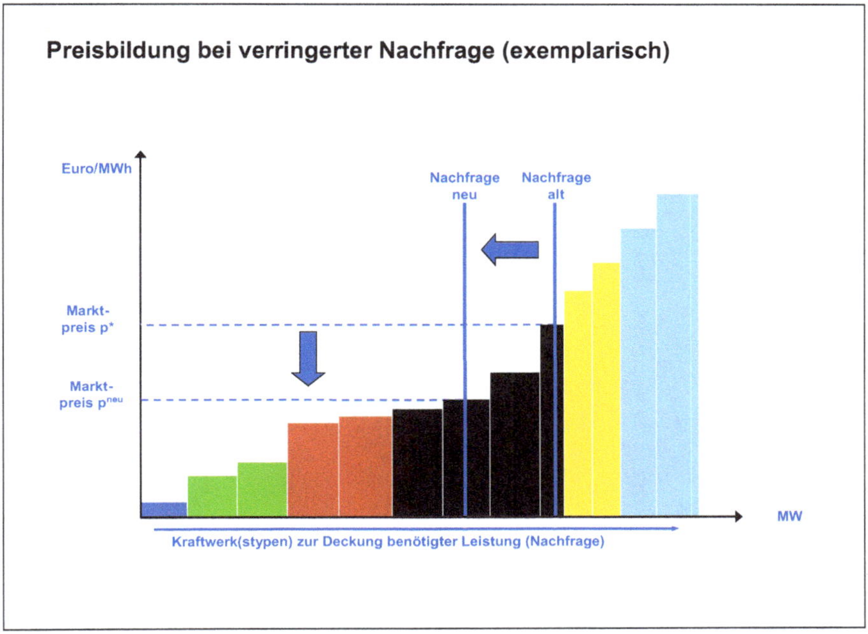

Abb. 7: *Strompreisbildung bei veränderter Nachfrage*

An einem realen Beispiel kann der Einfluss der Stromnachfrage auf den Strompreis anhand von Abb. 8 nachvollzogen werden. So folgte der Strompreis an der Leipziger Strombörse (EEX)[42] am Freitag, den 7. Januar 2011 nahezu idealtypisch der oben dargestellten Netzlast: In den Nachtstunden wurden die geringsten Preise erzielt, während um die Mittagszeit deutlich höhere Preise bezahlt wurden. Darüber hinaus wiesen die frühen Abendstunden den für die Winterzeit charakteristischen erneuten Preisanstieg auf.

42 Vgl. zur EEX und Stromhandel allgemein *Frenzel*, (Fn. 69), S. 160ff.

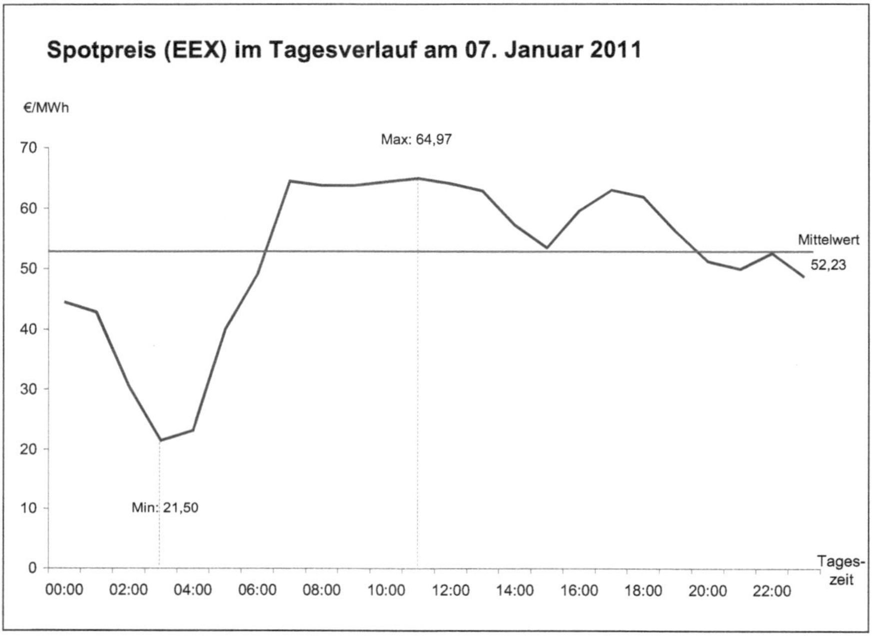

Abb. 8: Spotpreis im Tagesverlauf

Auf der Angebotsseite beeinflussen die Brennstoff- und CO_2-Zertifikatspreise maßgeblich den Strompreis. Sie bestimmen als wesentliche Komponenten der Grenzkosten die Struktur der Merit-Order.[43] Abb. 9 zeigt die Preisentwicklung für Gas, Steinkohle und CO_2-Zertifikate seit Anfang 2008. Außerdem sind als Einflussfaktoren auf das Angebot noch Kraftwerksverfügbarkeiten (z.B. Revisionen), Wettereinflüsse und Kapazitätsveränderungen aufgrund von Kraftwerksneubauten oder -stilllegungen zu nennen.

Der aufgrund von Angebot und Nachfrage resultierende markträumende Preis für Strom am Großhandelsmarkt (vgl. Abb. 10 zur Entwicklung der Jahre 2008 bis 2010) unterliegt im Zeitablauf erheblichen Schwan-

43 Vgl. *Konstantin*, (Fn. 74), S. 10ff. zur Preisentwicklung der Primärenergieträger.

kungen. Diese Preisvolatilität[44] ist ein charakteristisches Merkmal von Strommärkten und unmittelbare Folge der Besonderheiten des Produkts Strom.[45]

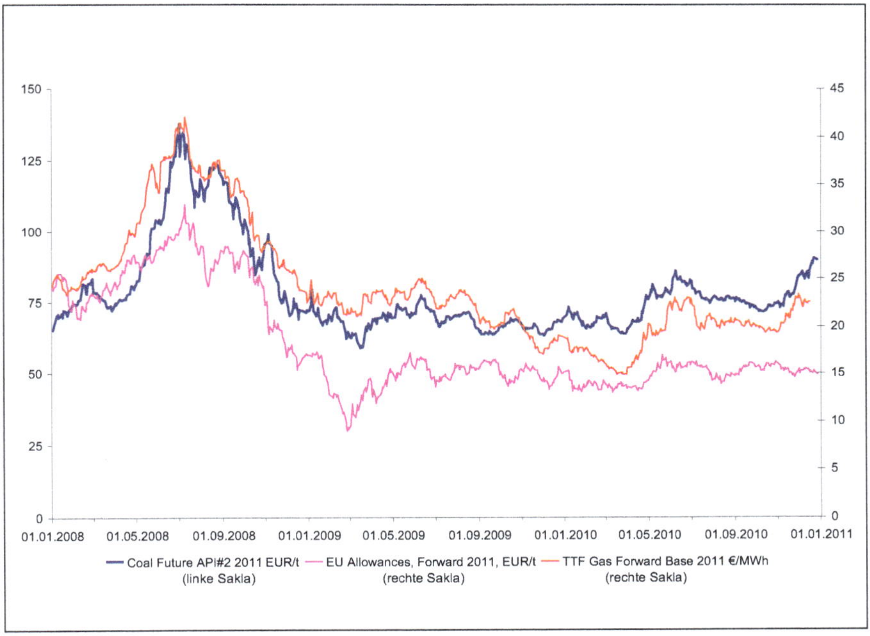

Abb. 9: Entwicklung Steinkohle-, Gas- und CO_2-Zertifikatspreise für eine Lieferung im Jahr 2011

44 *Ockenfels,* (Fn. 76), S. 7 spricht in diesem Zusammenhang vom „Gleichgewichtsphänomen auf Strommärkten".

45 Vgl. *Ockenfels,* (Fn. 76), S. 7, *Ockenfels,* (Fn. 77), S. 44.

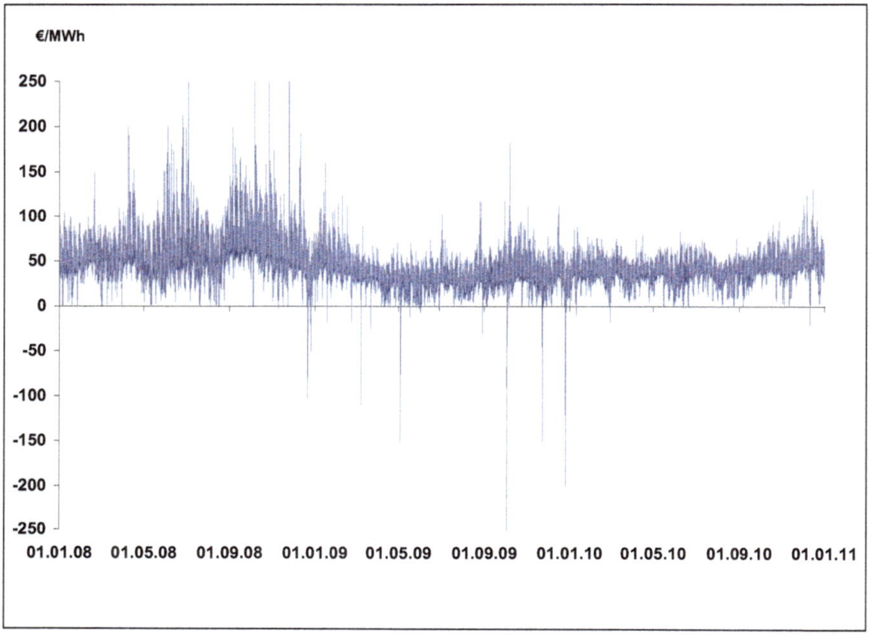

Abb. 10: Entwicklung des EEX-Stromspotpreises in den Jahren 2008 bis 2010 (stündlich)

E. Stromkauf und -verkauf auf Termin

Die hohe Preisvolatilität veranlasst Stromerzeuger, zur Vermeidung von Absatz- und Preisrisiken die erwartete Stromproduktion zum Festpreis auf Termin zu verkaufen. Ebenso kaufen Stromvertriebsgesellschaften und Großverbraucher die von ihnen benötigten Strommengen auf Termin ein. Hiermit sichern sie dementsprechend ihre Bezugskosten im Vorfeld ab. Außerdem bieten die volatilen Strompreise Investitions- und Spekulationsmöglichkeiten für Stromhändler und Investmentbanken.

Im Vergleich zu den Stromspotpreisen (vgl. Abb. 10) sind Stromterminpreise deutlich weniger volatil (vgl. exemplarisch für 2012er Terminkontrakte Abb. 11). Darüber hinaus ist die Entwicklung der Terminpreise von Deutschland und seinen Nachbarn in hohem Maße positiv korreliert.[46] Dies gilt angesichts der internationalen Preise für Brennstoffe und CO_2-Zertifikate prinzipiell auch für den Strommarkt in Großbritannien, wenngleich sich im Detail Abweichungen ergeben. Dies ist vor allem auf die Insellage des Landes zurückführen.

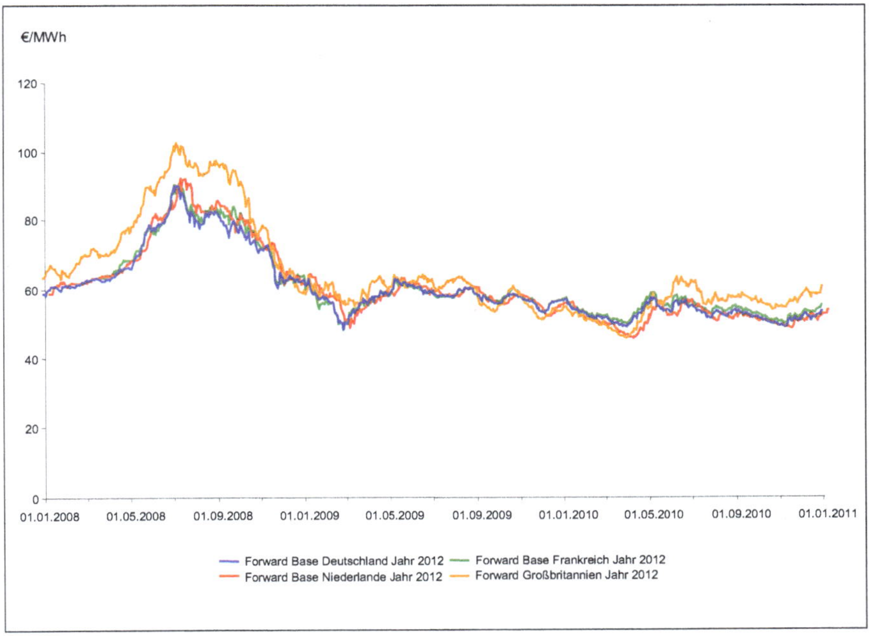

Abb. 11: Strompreisentwicklung im Terminmarkt

RWE beginnt in Deutschland mit dem Verkauf seiner geplanten Stromproduktion bis zu drei Jahre im Voraus. Dabei ist Ende eines Jahres (t) die Stromproduktion für das folgende Jahr (t+1) typischerweise nahezu vollständig veräußert, und auch für das übernächste Jahr (t+2) ist in der Regel etwa 60% verkauft. Parallel erfolgt die Beschaffung der benötigten Brennstoffe und CO_2-Zertifikate; durch den zeitgleichen Einkauf werden die Erzeugungsmargen abgesichert. Größere offene Positionen in der Stromproduktion weist regelmäßig der Zeitraum für das überübernächs-

46 Vgl. *Nitsche* et. al., et 2010, S. 30ff. zur Preiskonvergenz.

te Jahr (t+3) auf - hier beträgt der Sicherungsgrad zum Zeitpunkt t üblicherweise rund 20%.

Diese mittelfristig ausgerichtete Sicherungsstrategie von RWE kann anhand von Abb. 12 verdeutlicht werden. Sie zeigt die Terminpreisentwicklung für die Lieferjahre 2010 bis 2013 im Zeitablauf. Ergänzt wird die Darstellung durch Angaben, wie viel Prozent der jeweiligen Stromproduktion für das jeweilige Jahr zu einem bestimmten Zeitpunkt bereits verkauft waren. Von der geplanten Produktion für das Lieferjahr 2010 war zum 01. Januar 2009 mehr als 60% verkauft; im selben Zeitpunkt waren mehr als 20% der Produktion für das Lieferjahr 2011 veräußert.

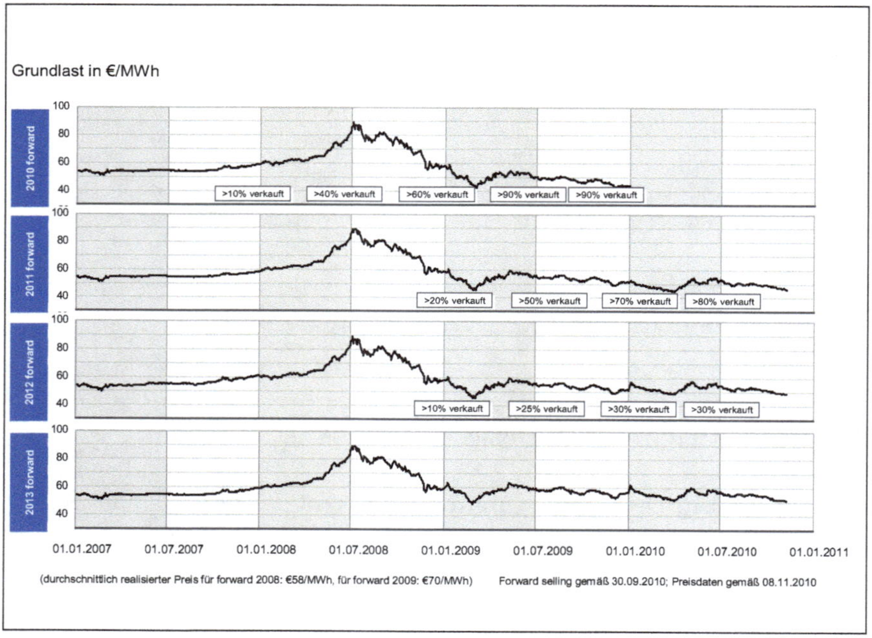

Abb. 12: Verkauf von Strompositionen auf Termin bei RWE[47]

Finanziell bewirkt eine solche Veräußerung der Stromproduktion auf Termin eine Verstetigung der durchschnittlich erzielten Stromerlöse

[47] Nach Berechnungen RWE AG.

sowie einen zeitlich verlangsamten Niederschlag der aktuellen Strompreisnotierungen.

Abb. 13 zeigt das Ergebnis der von RWE umgesetzten Sicherungsstrategie für die Stromproduktion. Die von RWE durchschnittlich erzielten Strompreise (rote Linie) zeigen eine stetigere Entwicklung als die für die einzelnen Jahre jeweils beobachteten Spotmarktpreise (blaue Linie).

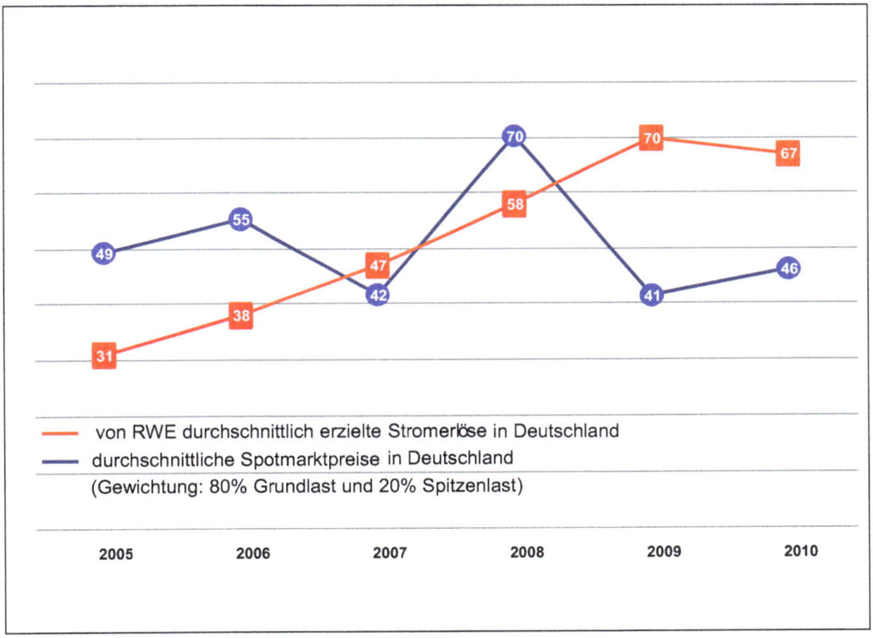

Abb. 13: Durchschnittliche Strompreise und Spotmarktpreise (in €/MWh)

Dass es sich bei der frühzeitigen Absicherung der Stromproduktion um ein übliches Vorgehen von Energieversorgern in liberalisierten Märkten handelt, zeigt eine Analyse von Unicredit (vgl. Abb. 14).[48] Demnach hatten die wesentlichen europäischen Stromerzeuger zu Beginn des Jahres

48 Vgl. Unicredit, Equity Reasearch: European Utilities - Current Themes, Sector Report, 13 January 2011.

2010 zwischen 45% und 95% ihrer Stromproduktion für das Jahr 2011 veräußert.

Stromvertriebsgesellschaften und Großabnehmer kaufen den Strom - wie zu Anfang des Unterabschnitts beschrieben - spiegelbildlich auf Termin ein. Dabei können sehr unterschiedliche Beschaffungsstrategien eingeschlagen werden, zum Beispiel:

- kongruent zum geplanten oder vertraglich abgesicherten Absatz versus (un-)gewollte Positionsnahme,
- kontinuierliche versus diskretionäre Beschaffung und
- hinsichtlich der Dauer des Beschaffungszeitraums.

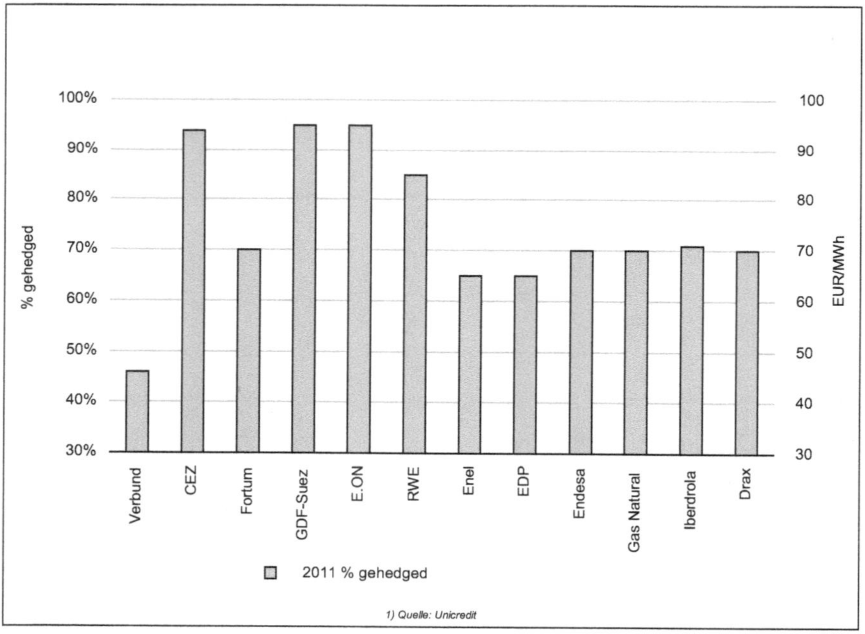

Abb. 14: Sicherungsgrad europäischer Energieversorger[49]

49 Nach Unicredit, (Fn. 116), S. 27.

Steht bei den Stromerzeugern die Fixierung ihrer Erlöse im Vordergrund der Sicherungsstrategie, zielt die Sicherungsstrategie im Stromvertrieb auf eine Fixierung der Bezugskosten ab. Dabei wählen Stromvertriebe unterschiedliche Eindeckungsstrategien, wonach sich die Wettbewerbsfähigkeit der Einstandskosten bemisst.

Exemplarisch werden in Abb. 15 vier unterschiedliche Eindeckungsstrategien beschrieben. Diese unterscheiden sich hinsichtlich der Länge der Eindeckungsphasen (12, 15 oder 24 Monate; jeweils die erste Zahl in den Klammern) sowie des Zeitraums, der bei Erreichen der voll-ständigen Eindeckung bis zur Lieferung verbleibt (3 oder 6 Monate; jeweils die zweite Zahl in den Klammern) und stimmen hinsichtlich der Lieferperiode überein (das Jahr 2010, 12 Monate; jeweils die letzte Zahl in den Klammern).

Für das Jahr 2010 hätte von den vier dargestellten Varianten die Beschaffungsstrategie Nummer vier zu den niedrigsten Beschaffungskosten geführt (knapp 61 €/MWh). Dies ist auf den spezifischen Verlauf, d.h. den „Einbruch" der Strompreise infolge der Finanz- und Wirtschaftskrise zurückzuführen. Hieraus kann aber nicht geschlossen werden, eine kurzfristige Beschaffungsstrategie sei grundsätzlich vorteilhaft. Für das Beschaffungsjahr 2008 hätte dieselbe Strategie zu erheblichen Kostennachteilen geführt. Aber auch für das Beschaffungs-jahr 2010 hätte bereits ein leichter zeitlicher Versatz zu starken Wettbewerbsnachteilen führen können. Beschaffungsstrategie Nummer drei ähnelt stark Beschaffungsstrategie Nummer vier, wurde lediglich drei Monate früher durchgeführt und führt mit knapp 69 €/MWh zum höchsten Beschaffungspreis.

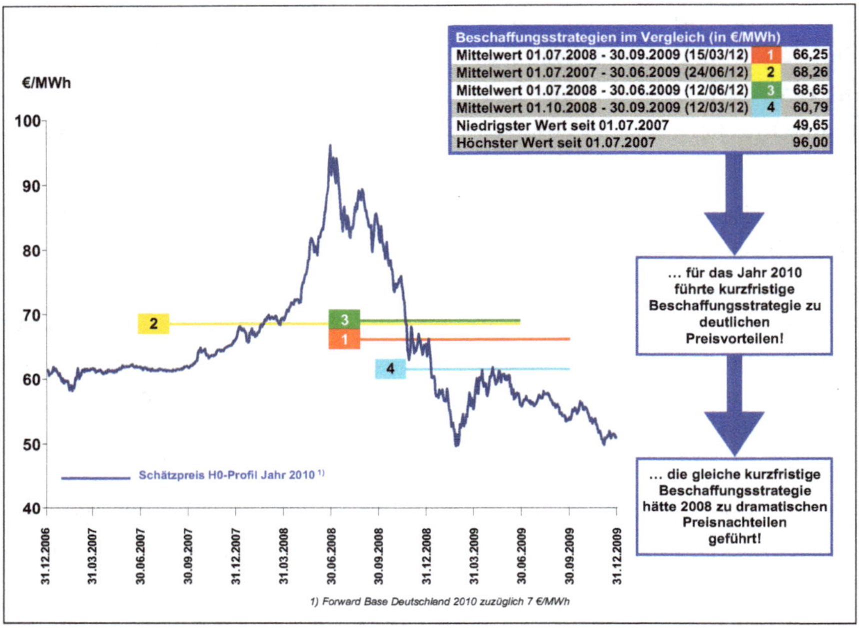

Abb. 15: Schätzpreis HO-Profil[50] *Jahr 2010 und Beschaffungsstrategien im Vergleich*[51]

Die Beispiele zeigen exemplarisch, dass unterschiedliche Beschaffungsstrategien maßgeblich über den Erfolg des Vertriebs entscheiden; welche davon am besten ist, lässt sich erst im Nachhinein beurteilen.

50 Unter dem H0-Profil wird eine standardisierte Lieferstruktur für Haushaltskunden (Standardlastprofil) verstanden. Ein Schätzpreis für die Beschaffungskosten kann vorgenommen werden, indem zum Terminpreis Grundlast Strom 7 €/MWh aufgeschlagen werden, vgl. hierzu etwa Utility Partners/GET AG (2010) (http://www.getag.com/fileadmin/content/pdf/2010_1_Studie_Haushaltsstrompreise_Utilitypartners_GET.pdf), S. 5 ff.

51 Nach Utility Partners/GET AG (2010), (Fn. 118), S. 12.

F. Kraftwerksinvestitionen

I. Ökonomische Grundlagen

Im vorangegangenen Kapitel wurde die Strompreisbildung im Wettbewerbsmarkt erläutert. Hierbei wurde eine kurzfristige Perspektive bei gegebenem Kraftwerkspark eingenommen, so dass lediglich variable Kosten entscheidungsrelevant für den Einsatz von Kraftwerken sind. Langfristig müssen aber auch die Fixkosten, insbesondere die Kapitalkosten, über den Strompreis abgedeckt sein - andernfalls bestünde kein Anreiz, bestehende Kraftwerke zu ersetzen oder zusätz-liche Kraftwerke zu bauen.[52]

Der europäische Kraftwerkspark weist einen hohen Erneuerungsbedarf auf. Mehr als 65% aller Kraftwerke in der EU-27 sind älter als 20 Jahre und damit - bei einer überschlägigen Betrachtung - in der zweiten Hälfte ihrer technischen Lebensdauer. Älter als 30 Jahre sind sogar bereits über 35% der Kraftwerke (vgl. Abb. 16):

52 Vgl. etwa *Nailis/Baumgart/Hinüber*, et 2011, S. 45f. oder allgemein *Joskow*, Competitive Electricity Markets and Investment in New Generating Capacity, 2006, S. 12ff. zu Investitionen in Erzeugungskapazitäten auf liberalisierten Strommärkten.

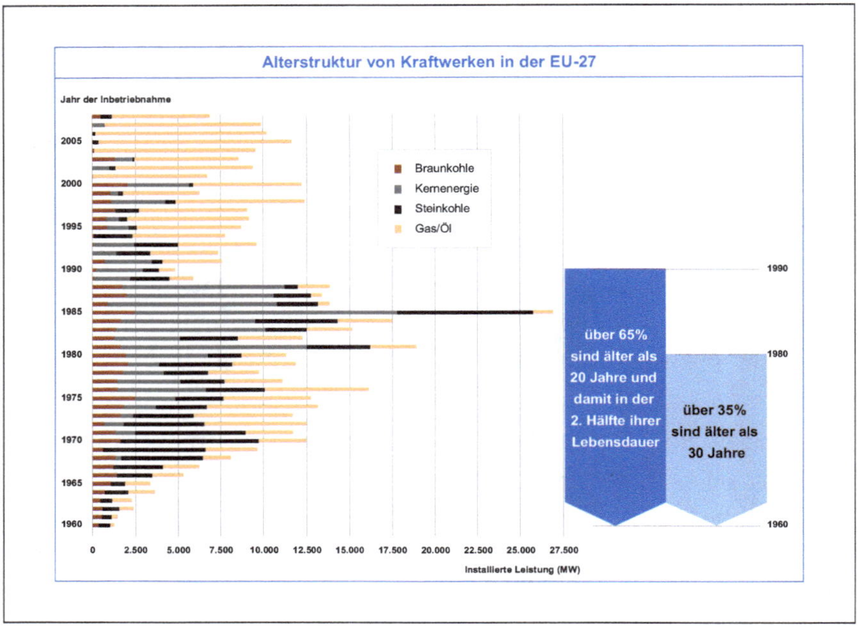

Abb. 16: Altersstruktur von Kraftwerken in der EU-27[53]

Eine ähnliche Altersstruktur weisen auch die Kraftwerke in Deutschland auf. Deshalb werden derzeit, hauptsächlich von den vier großen Energieversorgern E.ON, EnBW, Vattenfall und RWE, fossile Kraftwerke mit einer Gesamtkapazität von rund 12 Gigawatt gebaut. Als Brennstoffe kommen dabei Gas, Braun- und Steinkohle zum Einsatz. Die meisten dieser Projekte sollen bis zum Jahr 2013 fertig gestellt sein. Einen Überblick über die aktuellen Projekte gibt Abb. 17:

53 Nach Berechnungen RWE Power AG.

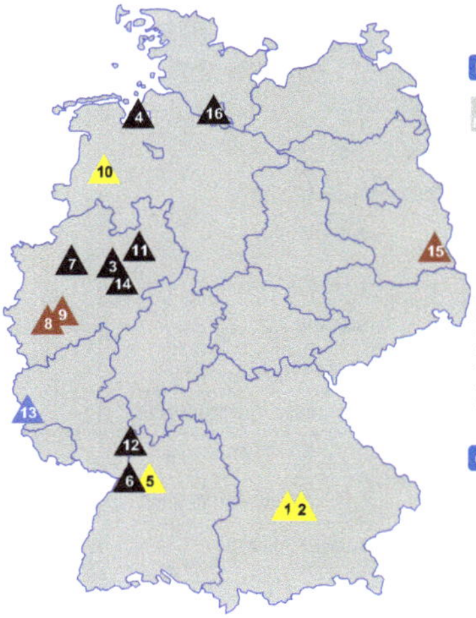

Neubauprojekte

Nr.	Unternehmen	Projektname	Brennstoff	MW	IBN	Projektstand
1	E.ON	Irsching 5	Gas	840	2010	IBN
2	E.ON	Irsching 4	Gas	530	2011	im Bau
3	E.ON	Datteln 4	Steinkohle	1055	2011	im Bau, deutlich verzögert
4	GdF-Suez	Wilhelmshaven	Steinkohle	800	2012	im Bau
5	EnBW	RDK 6S	Gas	440	2010	im Bau
6	EnBW	RDK 8	Steinkohle	850	2012	im Bau, verzögert
7	Evonik-Steag	Walsum 10	Steinkohle	750	2010	vor IBN
8	RWE	BoA 2	Braunkohle	1050	2011	im Bau, verzögert
9	RWE	BoA 3	Braunkohle	1050	2011	im Bau, verzögert
10	RWE	Emsland	Gas	855	2010	fertiggestellt
11	RWE	Westfalen D/E	Steinkohle	1530	2011	im Bau, verzögert
12	RWE/EnBW/MVV	GKM 9	Steinkohle	855	2013	im Bau
13	RWE/SEO	Vianden 11	PSW	200	2013	im Bau
14	Trianel	Lünen	Steinkohle	750	2012	im Bau
15	Vattenfall	Boxberg R	Braunkohle	660	2011	im Bau
16	Vattenfall	Moorburg 3/4	Steinkohle	1640	2012	im Bau, verzögert
	Sonstige	diverse		260		im Bau

Gesamt im Bau: 12.420 MW[1]

Legende:
▲Steinkohle ▲Braunkohle △ Gas ▲ Wasser

1) Ohne Irsching 5 und Emsland

Abb. 17: Überblick fossile Kraftwerksneubauten in Deutschland

Eine detaillierte Auflistung der Kraftwerksprojekte bei RWE liefert Abb 18. Neben Deutschland liegt der Investitionsschwerpunkt in den Niederlanden und Großbritannien. Darüber hinaus baut RWE ein Gaskraftwerk in der Türkei.

Die eingangs erwähnten variablen und fixen Kostenbestandteile eines Kraftwerksbaus und -betriebs werden in Abb. 19 schematisch dargestellt. Der Anlagenbau stellt eine einmalige Ausgabe vor der Inbetriebnahme des Kraftwerks dar. Die laufenden Ausgaben des Kraftwerksbetriebs können in fixe Ausgaben für Personal, Instandhaltung, Verwaltung und Versicherung sowie in variable Ausgaben unterteilt werden. Bei den variablen Ausgaben spielen die Brennstoffausgaben und die CO_2-Ausgaben eine entscheidende Rolle. Die Einnahmen des Kraftwerksbetriebs sind durch die Produktionsmenge und den Strompreis bestimmt.

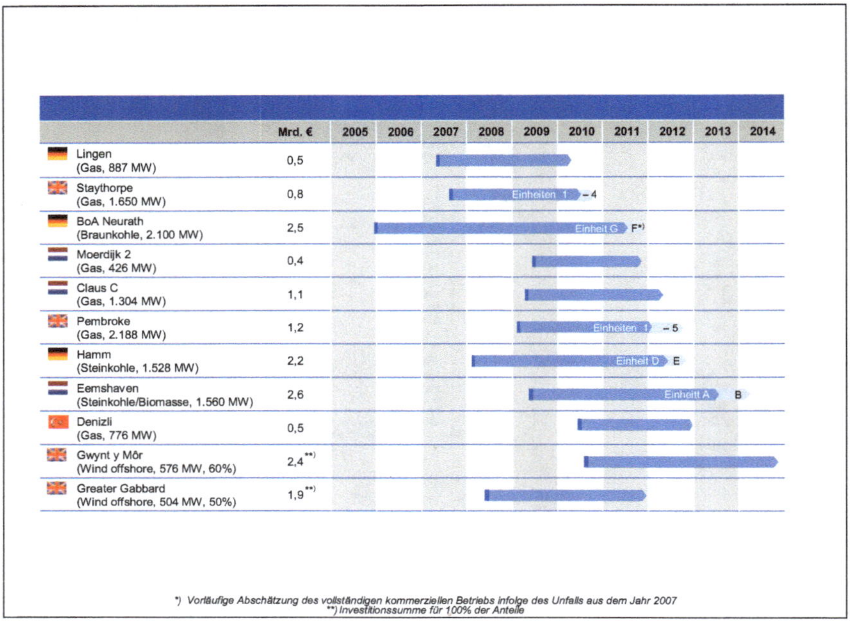

Abb. 18: RWE-Neubauprojekte im Überblick

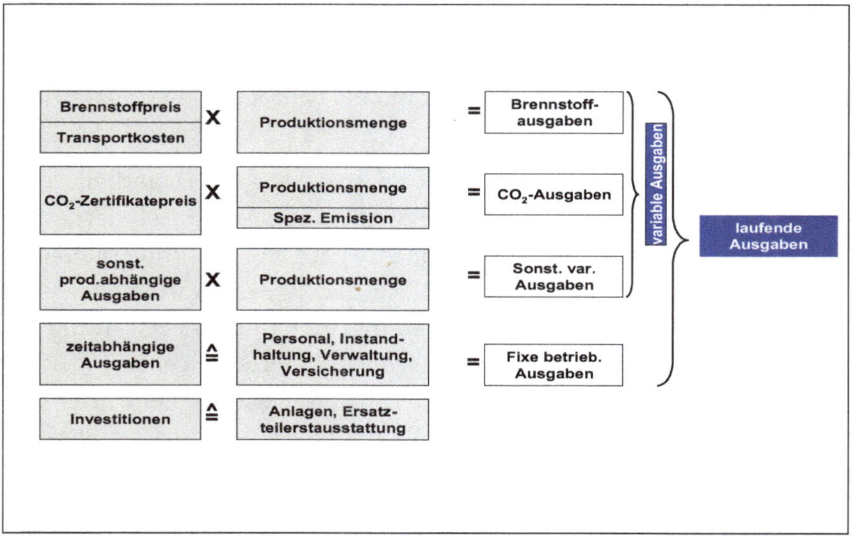

Abb. 19: Schematische Darstellung der Kraftwerksausgaben

Als wesentliches Beurteilungskriterium bei Kraftwerksinvestitionen dient - wie eingangs erwähnt - der Kapitalwert. Für dessen Berechnung müssen die Einnahmen und Ausgaben des Kraftwerksbetriebs über die technische Nutzungsdauer, die zwischen 30 und 45 Jahren liegen,[54] prognostiziert werden. Insofern sind Planungen über mehrere Jahrzehnte notwendig. Dabei ist zunächst ein Strommarktmodell zu entwerfen, auf dem der Einsatz des potentiellen Kraftwerksbaus optimiert wird. Anhand der planerischen Kraftwerksoptimierung lassen sich anschließend die notwendigen Daten für die Planungsrechnung ableiten.[55] Im Rahmen des Strommarktmodells sind beispielsweise die Stromnachfrage (beeinflusst etwa durch wirtschaftliche Entwicklung oder Wetter), Kraftwerksstilllegungen und -neubauten, der Ausbau der erneuerbaren Energien, die Brennstoffkosten und CO_2-Preise zu prognostizieren, um die Entwicklung des Strompreises in den nächsten Jahrzehnten abzuschätzen.

Auf die zentralen Planungsannahmen und Ergebnisse dieser komplexen Untersuchungen haben die regulatorischen und politischen Rahmenbedingungen wesentlichen Einfluss. Bei unvorhersehbaren Änderungen dieser Randbedingungen können sich Kraftwerksinvestitionen - in der ex post-Betrachtung - als fehlerhaft herausstellen. Eingriffe in das Marktdesign wiegen aufgrund der langen Lauf- und Amortisationsdauern besonders schwer.

Die derzeitigen Strompreisnotierungen in Europa geben nur bedingt Anreiz, neue Kraftwerke zu bauen. So lässt sich beispielhaft auf Basis der 2012er Terminpreise (Stand: 12. November 2010) für Steinkohle (80 €/t), Gas (22 €/MWh) und CO_2-Zertifikate (16 €/t) sowie 7.000 Volllaststunden (von 8.760 Stunden eines Jahres) berechnen, dass der Neubau eines Steinkohle-/Gaskraftwerks erst ab einem Strompreis von 66 €/MWh/65 €/MWh wirtschaftlich ist.[56] Die Terminpreisnotierungen für die Jahre

54 Vgl. *Nailis/Baumgart/Hinüber*, (Fn. 120), S. 3.

55 Vgl. *Nailis/Baumgart/Hinüber*, (Fn. 120), S. 2ff.

56 Auf Basis der Terminpreise für 2012 vom 30. März 2011 für Steinkohle (92 €/t), Gas (27 €/MWh) und CO2-Zertifikate (18 €/t) ergeben sich unter sonst gleichen

2012 bis 2014 schwanken hingegen zwischen 50 €/MWh und 55 €/MWh. Auf dieser Basis wäre der Neubau von Steinkohle- oder Gaskraftwerken derzeit nicht rentabel. Abb. 20 fasst dies grafisch nochmals zusammen:

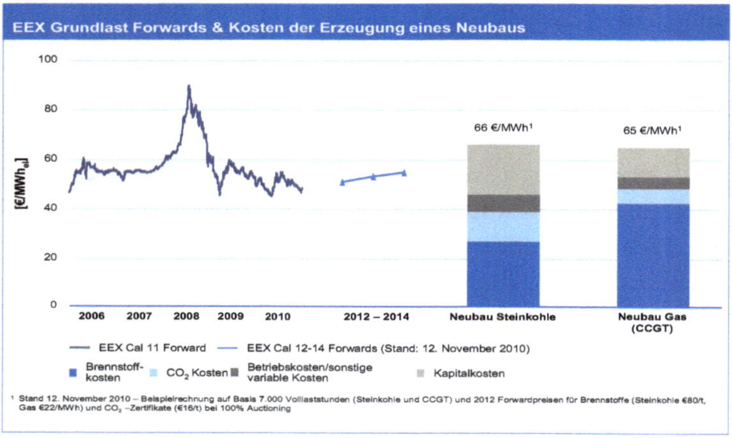

Abb. 20: Break even-Analyse Kraftwerksneubau[57]

II. EEG-Förderung als Beispiel für den Eingriff in die Strompreisbildung im Wettbewerbsmarkt

Das EEG (Gesetz für den Vorrang Erneuerbarer Energien[58]) wurde 2000 eingeführt und sieht – unabhängig von den Grenz- und Fixkosten – eine feste Vergütung für die Einspeisung von Ökostrom sowie einen Einspei-

Bedingungen notwendigen Strompreise von mindestens 71 €/MWh respektive 75 €/MWh, die einen langfristigen wirtschaftlichen Betrieb sicherstellen.

57 Nach Berechnungen RWE AG.

58 Vgl. http://www.gesetze-im-internet.de/eeg_2009/BJNR207410008.html zur aktuellen Fassung vom 22.12.2010.

sevorrang gegenüber anderen Erzeugungsarten vor.[59] Gleichzeitig wurde mit dem EEG das Stromeinspeisegesetz von 1990 abgelöst.

Erklärtes Ziel des EEG ist der Aufbau von Energieversorgungsanlagen, die aus regenerativen Quellen gespeist werden; in concreto soll die deutsche Stromerzeugung bis zum Jahr 2020 zu 30% aus erneuerbaren Energien erfolgen.[60] Wesentliches Konstruktionsmerkmal des EEG ist folgender Abrechnungsmechanismus: Dem Betreiber einer EEG-Anlage wird die produzierte EEG-Strommenge vom jeweiligen Netzbetreiber zum festgelegten Einspeisetarif vergütet und über die Übertragungsnetzbetreiber an der Strombörse vermarktet. Die Vertriebsunternehmen tragen die Deckungslücke zwischen Börsenpreis und Vergütungssatz durch Zahlung der EEG-Umlage und geben diese Kosten an den Endverbraucher weiter.[61]

Die Entwicklung der EEG-Vergütung ist in den letzten Jahren durch einen rasanten Anstieg geprägt.[62] Für die absehbare Zukunft ist weiterhin mit einem starken Wachstum zu rechnen. Aufgeteilt nach Erzeugungsarten wird dieser Verlauf in Abb. 21 gezeigt. Neben dem Anstieg der Gesamtsumme, die für die EEG-Vergütung verwendet wird, auf über 20 Mrd. € pro Jahr ist vor allem der außerordentliche Anstieg der Photovoltaik-Förderung auffällig. Ursächlich für die immense Zunahme der Photovoltaik-Förderung sind die hohen Einspeisevergütungen, die für Photovoltaikanlagen gewährt werden. Die Höhe der für die einzelnen EEG-Technologien gewährten Einspeisevergütung lässt sich gut durch eine Gegenüberstellung mit dem Spotpreis von Strom verdeutlichen. Hierfür sind in Abb. 22 die durchschnittlichen Einspeisevergütungen für Wasserkraft, Wind, Biomasse und Photovoltaik für das Jahr 2010 dargestellt:

59 Vgl. § 23-32 EEG sowie § 8 Abs. 1 EEG.

60 Vgl. § 1 Abs. 2 EEG.

61 Vgl. v.a. § 34-39 EEG.

62 Vgl. zum Anstieg der EEG-Umlage bereits Abb. 2, S. 3.

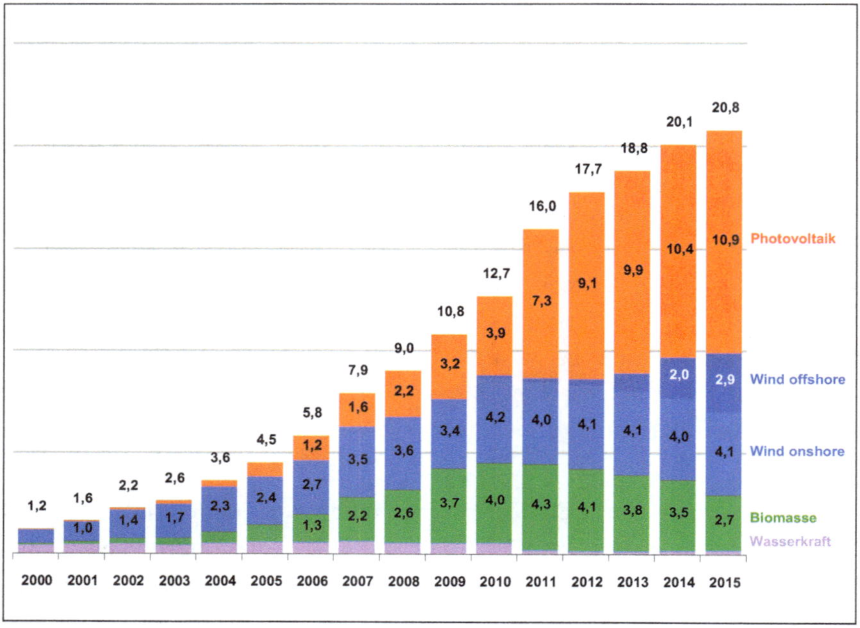

Abb. 21: Entwicklung der EEG-Vergütung und Prognose bis 2015 (in Mrd. €)[63]

63 Vgl. Übertragungsnetzbetreiber (2010), S. 3; EEG-Jahresabrechnungen (abrufbar unter: http://www.eeg-kwk.net/de/EEG_Jahresabrechnungen.htm) vor Abzug vermiedener Netzentgelte, Wasserkraft inklusive Klär-, Deponie- und Grubengas.

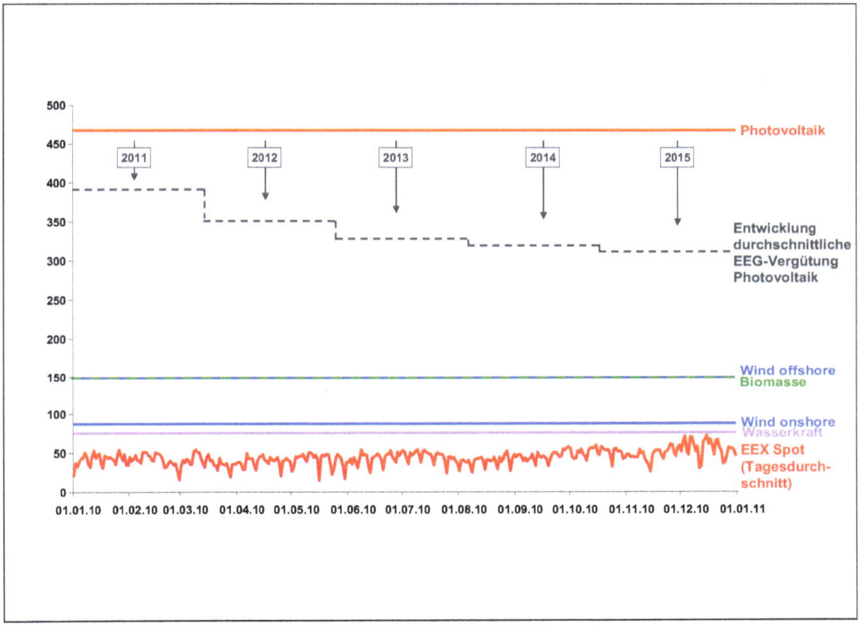

Abb. 22: Durchschnittliche EEG-Vergütung und EEX Spotpreise 2010 (in €/MWh)[64]

Lag der tagesdurchschnittliche Strompreis an der Leipziger Strombörse EEX im Jahr 2010 bei durchschnittlich 44,49 €/MWh, so waren die Einspeisevergütungen für Wasserkraft und Wind onshore jeweils knapp doppelt so hoch; die entsprechenden Zuwendungen für Biomasse und Wind onshore betrugen etwa das dreieinhalbfache des Börsenkurses für Strom. Die durchschnittliche Einspeisevergütung für Photovoltaikanlagen in Deutschland überstieg den Strompreis an der Börse sogar um rund 950%.

Die 2010 von der Bundesregierung beschlossenen Kürzungen der Förderung für Photovoltaik werden zwar zu der in Abb. 22 dargestellten Ab-

64 Nach bdew (http://www.bdew.de/internet.nsf/id/DE_Erneuerbare_Energien_und_das_EEG_in_Zahlen_2010/$file/10%2012%2002%20EnergieInfo_EE%20und%20EEG%20in%20Zahlen.pdf), S. 9 m.w.N.

senkung der durchschnittlichen EEG-Vergütung führen, die Fördersätze für Photovoltaik liegen aber weiterhin deutlich über denen der anderen EEG-Technologien und insbesondere über den Preisen an der Strombörse. Ursächlich für das langsame Absinken der Durchschnittsvergütung ist, dass die bei der Inbetriebnahme einer EEG-Anlage gewährte Förderbetrag über einen Zeitraum von 20 Jahren in unveränderter Höhe gezahlt wird.[65]

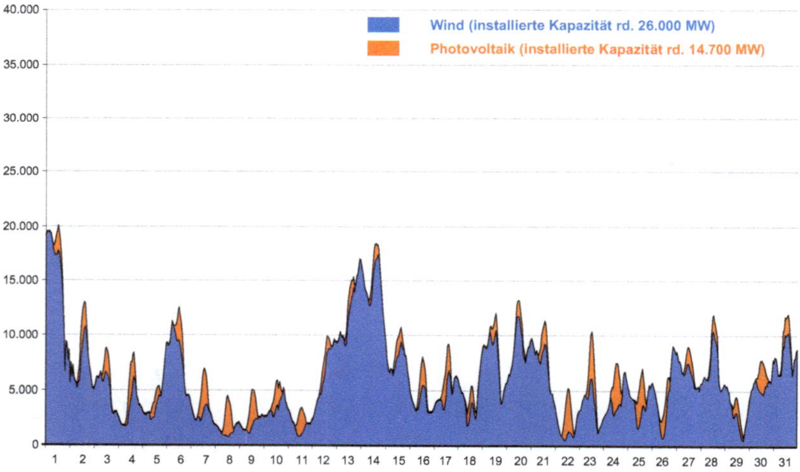

Abb. 23: Einspeisung Windenergie onshore und Photovoltaik in Deutschland im März 2010 in Megawatt (MW)[66]

Bedingt durch die Wetterabhängigkeit der erneuerbaren Energien schwankt deren Einspeisung in das Stromnetz. Abb. 23 und Abb. 24 zeigen exemplarisch die kumulierte Einspeisung von Wind onshore und

65 Vgl. § 21 Abs. 2 EEG.

66 Nach Berechnungen RWE Supply&Trading, ebenso Abb. 24 Die Kapazitätsangaben beziehen sich auf den 31.07.2010.

Photovoltaik der Monate März und Juli 2010. Bemerkenswert sind (i) die insgesamt geringe Ausnutzung der installierten Kapazität von insgesamt rund 40.700 Megawatt, (ii) die starken Schwankungen im Tages- und Wochenverlauf und (iii) die unterschiedliche Intensität der Einspeisung zu verschiedenen Jahreszeiten.

Exemplarisch sei diese Witterungsabhängigkeit, die erhebliche Probleme für die Netzstabilität aufwirft, für den 1. März 2011 dargestellt (vgl. Abb. 23): Waren um 12 Uhr Wind-Onshore- und Photovoltaikanlagen mit einer Leistung von knapp 19.000 Megawatt in Betrieb, waren es um 19 Uhr nur noch rund 6.600 Megawatt - ein Rückgang um 12.400 Megawatt innerhalb weniger Stunden.

Um die Netzstabilität zu gewährleisten, bedarf es kompensierender Kraftwerksleistung, um die schwankende Erzeugung der erneuerbaren Energien auszugleichen.[67] Durch den verstärkten Zubau der erneuerbaren Energien reduziert sich allerdings die Zahl der Volllaststunden, wodurch die Wirtschaftlichkeit der benötigten Spitzenlastkraftwerke absinkt.[68]

67 Vgl. *Neubart*, et 2011, S. 8ff.

68 Zu den derzeit diskutierten Überlegungen zu Kapazitätsmärkten *Barrera/Jansen/Riechmann*, et 2011, S. 8ff.; *Cramton/Ockenfels*, et 2011, S. 14f.

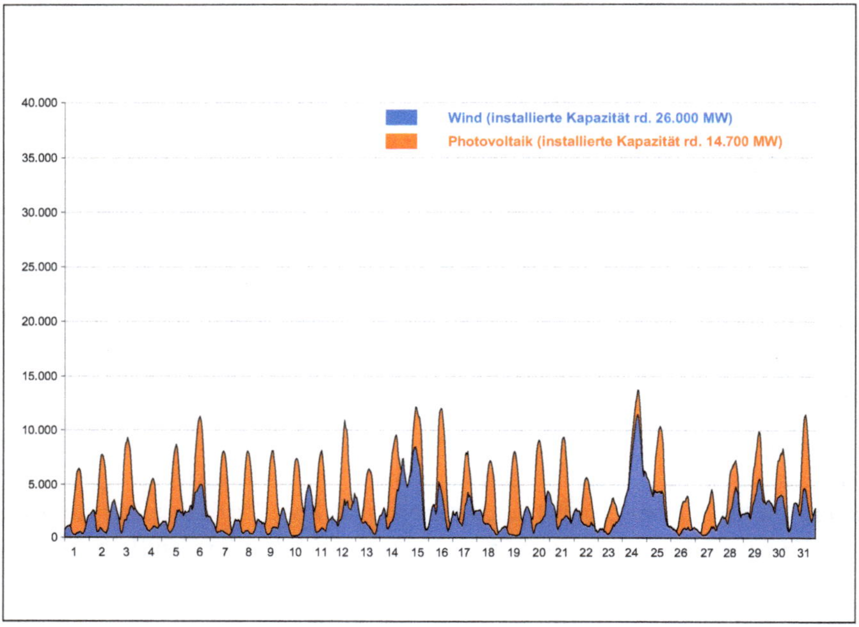

Abb. 24: Einspeisung Windenergie onshore und Photovoltaik in Deutschland im Juli 2010 in Megawatt (MW)

Bei näherer Betrachtung der Förderbeträge im Rahmen des EEG, der installierten Kapazität und der erzeugten Strommenge für das Jahr 2011 fällt auf, dass etwa 55% der EEG-Umlage zur Förderung der Photovoltaik eingesetzt werden, während deren Anteil an der EEG-in-stallierten Leistung nur rund 42% und an der EEG-Strommenge sogar nur 20% ausmacht. Offensichtlich wird bei dieser Gegenüberstellung - detailliert hierzu Abb. 25 - die starke Überförderung der Photovoltaik, denn aus Wind onshore-Anlagen wird knapp 52% der EEG-Strommenge gewonnen, sie erhalten aber lediglich knapp 27% der EEG-Vergütung.

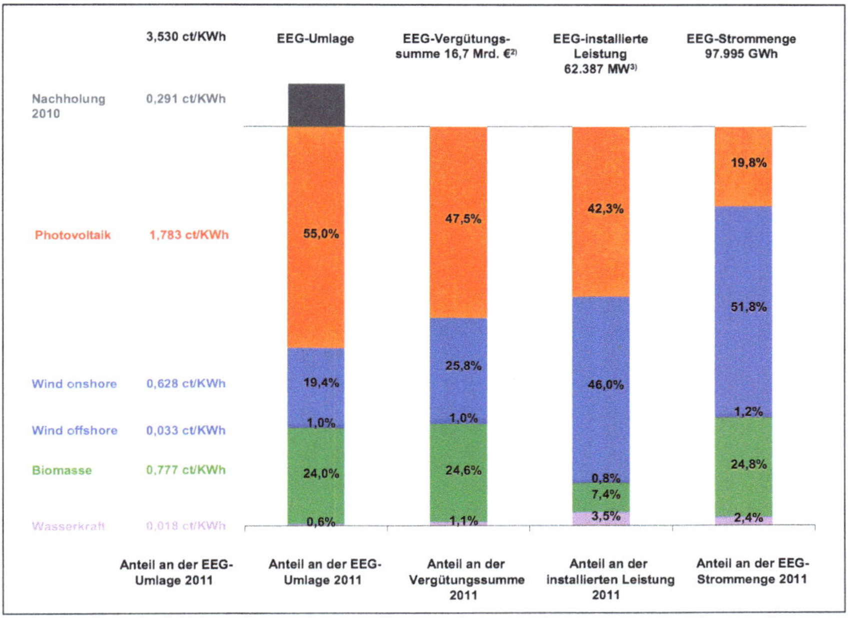

Abb. 25: Umlage, Vergütung, installierte Leistung und produzierte Strommenge gemäß EEG im Vergleich[69]

In diesem Zusammenhang sprechen *Frondel/Ritter/Schmidt* pointiert vom „Kosten-Tsunami"[70], den die derzeitige Förderung der Photovoltaik für die Stromverbraucher in Deutschland nach sich zieht.[71] Die Kosten der bis 2009 installierten Photovoltaikanlagen belaufen sich infolge der Gewährung einer festen Einspeisevergütung für die nächsten 20 Jahre[72] bis zum Jahr 2029 nach aktueller Prognose auf 53 bis 85 Milliarden Euro.[73] Die Entwicklung der Nettokosten zeigt Abb. 26:

69 Nach bdew (2010c), S. 11.

70 Frondel/Ritter/Schmidt, et 2010, S. 36.

71 Vgl. *Frondel/Schmidt/von dem Moore*, Eine unbequeme Wahrheit, 2010.

72 Vgl. Fußnote 139.

73 Vgl. *Frondel/Schmidt/von dem Moore*, (Fn. 139), S. 5ff auch zu einer Replik auf *Samadi/Lechtenböhmer/Fischedik*, et 2011.

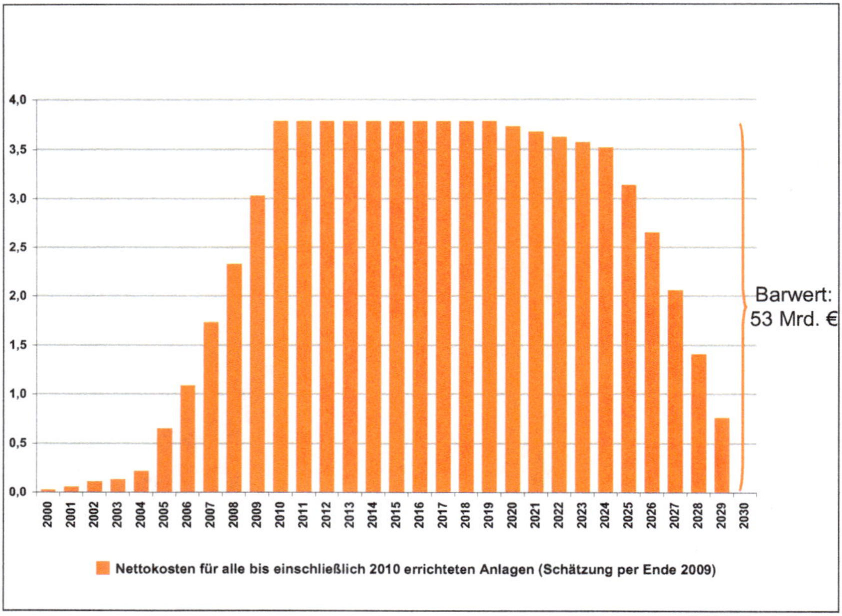

Abb. 26: Kosten derzeit installierter Photovoltaikanlagen (Schätzung 2009; in Mrd. €)[74]

Neben den Kosten[75] stellt sich auch die Frage, ob das EEG seinem Ziel, die CO_2-Emissionen zu senken, gerecht wird. In diesem Zusammenhang ist vor allem auf das Zusammenwirken mit dem europäischen Emissionshandel abzustellen, der einen festen Rahmenplan für die Entwicklung der CO_2-Emissionen in der EU bis 2020 vorgibt.[76]

Bereits im Jahr 2004 wurde dieses Zusammenwirken vom Wissenschaftlichen Beirat beim Bundesministerium für Wirtschaft und Arbeit detail-

74 Vgl. *Frondel et.al.*, ZWP 2010, S. 115 m.w.N.

75 Vgl. etwa *Erdmann*, Indirekte Kosten der EEG-Förderung, 2008, zu den indirekten Kosten des EEG.

76 Vgl. zum EU-Emissionshandelssystem etwa *Konstantin*, (Fn. 74), S. 121ff.; *Ströbele/Pfaffenberger/Heuterkes*, (Fn. 98), S. 295 ff. allgemein zu handelbaren Emissionsberechtigungen *Erdmann/Zweifel*, (Fn. 83), S. 333.

liert analysiert.[77] Im Ergebnis wurde dabei festgestellt, dass der „Gesamteffekt [des EEG] auf die Reduktion von CO_2-Emissionen […] gleich Null [ist]“[78]; und es sich um ein „ökologisch nutzlose[s], aber volkswirtschaftlich teure[s] Instrument [handelt, das] konsequenterweise abgeschafft werden“[79] müsste. Die Grundüberlegung, die zu dieser Schlussfolgerung führt, baut sich folgendermaßen auf:[80]

- die attraktiven EEG-Einspeisevergütungen und der Einspeisevorrang führen zu einer Verdrängung der Stromproduktion aus konventionellen Kraftwerken in Deutschland,
- die aus dem Stillstand der konventionellen Kraftwerke in Deutschland „freiwerdenden“ CO_2-Zertifikate werden über die Börse in andere EU-Länder veräußert,
- die Käufer dieser CO_2-Zertifikate nutzen ihrerseits die Rechte zur CO_2-Emission aus.

Da die Gesamtzahl der CO_2-Zertifikate und CO_2-Emissionen politisch abschließend bis zum Jahr 2020 festgelegt ist, bewirkt das EEG europaweit keine Emissionsverringerung der CO_2-Emission. Vielmehr führen die EEG-Fördermaßnahmen zu einer Verteuerung des deutschen Stroms, senken den Preis der CO_2-Zertifikate und fördern in den anderen EU-

---

77 Vgl. Wissenschaftlicher Beirat beim Bundesministerium für Wirtschaft und Arbeit,(http://www.bmwi.de/BMWi/Redaktion/PDF/Publikationen/Dokumentationen/erneuerbareenergiendoku534,property=pdf,bereich=bmwi,sprache=de, rwb=true.pdf), 2004.

78 Wissenschaftlicher Beirat beim Bundesministerium für Wirtschaft und Arbeit, (Fn. 145), S. 17; ähnlich Monopolkommission 2009 (http://www.monopolkommission.de/sg_54/s54_volltext.pdf), S. 56.

79 Wissenschaftlicher Beirat beim Bundesministerium für Wirtschaft und Arbeit, (Fn. 145), S. 17.

80 Vgl. hierzu etwa Monopolkommission, (Fn. 164), S. 56f.; *Blankart*, Null Vorteile für den Umweltschutz, Handelsblatt v. 8.11.2005 Nr. 216, S. 11; *Frondel/Schmidt*, Emmissionshandel und Erneuerbare-Energien-Gesetz: Eine notwenige Koexistenz?, 2006, S. 2ff. Die theoretischen Argumente werden durch die numerische Analyse von *Traber/Kemfert*, Impacts of German Support for Renewable Energy on Electricity Prices, in: The Energy Journal, 30. Jg. 2009, S. 155ff. untermauert. Kritisch jüngst statt vieler *Fischedik/Samadi*, et 2010, S. 122 ff.

Ländern die Stromerzeugung aus fossilen Brennstoffen zulasten erneuerbarer Energien.[81]

Zusammenfassend kann der EEG-Förderung kein gutes Zeugnis ausgestellt werden.[82] Es handelt sich um einen Eingriff in einen funktionierenden Wettbewerbsmarkt, der

- mit sehr hohen Kosten verbunden ist,
- eine gewaltige Umverteilung und Kostensteigerung zur Folge hat,
- nicht nachvollziehbare Überförderungen einzelner Erzeugungsarten, vor allem der Photovoltaik, beinhaltet,[83]
- wenig effizient ist, da keine grundlastfähige Stromerzeugung zur Verfügung gestellt werden kann, und
- zum Umweltschutz im Sinne einer Verminderung der CO_2-Emissionen im EU-Raum keinen Beitrag leistet.

---

81 Vgl. etwa *Blankart*, (Fn. 148), S. 11; *Frondel/Schmidt*, (Fn. 148), S. 5ff.

82 Zum Nachbesserungsbedarf im EEG jüngst *Bode/Groscuth*, et 2011, S. 22ff.

83 Vgl. vor kurzem Monopolkommission (2011), S. 191 mit Verweis auf *Nienhaus*, Strukturpolitik, in: Apolte, Vahlens Kompendium der Wirtschaftstheorie und Wirtschaftspolitik, 9. Aufl. 2007, dass die massive Förderung heute bekannter Technologien zur Erzeugung von Strom auf Basis erneuerbarer Energien als ineffizient bezeichnet werden kann, weil hierdurch Fehlspezialisierungen hervorgerufen werden können.

G. Zusammenfassung / Fazit

Der vorliegende Beitrag beschäftigt sich mit Investitionsentscheidungen in der Energiewirtschaft. Auf einem liberalisierten, durch Wettbewerbsbedingungen geprägten Strommarkt bilden sich die Preise an Großhandelsmärkten. Diese Strompreise bestimmen die Attraktivität von Kraftwerksinvestitionen. Kraftwerksneubauten sind allein aufgrund ihrer Spezifika - Nutzungsdauer von bis 50 Jahren, Investitionsvolumina von mehreren Milliarden Euro sowie höchst volatilen Strompreisen - mit erheblichen wirtschaftlichen Unsicherheiten behaftet.

Mangelnde gesellschaftliche Akzeptanz und unzuverlässige regulatorische und politische Rahmenbedingungen erhöhen das Investitionsrisiko zusätzlich. Als prominentes Beispiel für sich verändernde regulatorische und politische Rahmenbedingungen wurde die Förderung nach dem EEG herausgegriffen, vor allem die Photovoltaik-Förderung.

Als äußerst problematisch ist diese exemplarisch aufgezeigte Intervention seitens des Staates in das grundlegende Preisbildungs- und damit Geschäftsmodell von Energieversorgern zu sehen. Denn hierdurch

- verringert sich die Planbarkeit,
- wird das Vertrauen - auch der externen Kapitalgeber[84] - erheblich gesenkt und
- werden damit Investitionsanreize deutlich reduziert.

Die Energiewirtschaft droht somit insgesamt zu einem Beispiel für staatliche Interventionsspiralen zu werden, wie sie erstmals von *von Mises* beschrieben wurden.[85] Nach diesem als sogenanntes Ölflecktheorem bekannten Mechanismus ziehen regulatorische und politische Eingriffe in ein marktwirtschaftliches System automatisch weitere Interventionen

84 Vgl. jüngst Moody's (2011), (http://www.rwe.com/web/cms/mediablob/en/113886/data/113900/7/rwe/investor-relations/bonds/credit-ratings/moodys-download.pdf), S. 1f., Standard&Poor's (2011), S. 6.

85 Vgl. grundlegend *von Mises*, Kritik des Interventionismus, 1929, S. 9-15 zu preispolitischen Eingriffen.

nach sich, um das gewünschte Gesamtergebnis zu erzielen.[86] Neben den obigen Ausführungen verdeutlichen aktuell diskutierte Überlegungen, wie etwa die im Energiekonzept der Bundesregierung vorgesehene staatliche Förderung von Kraftwerksinvestitionen bestimmter Marktteilnehmer,[87] die zunehmende Abkehr von der markt- und wettbewerblichen Ordnung des Strommarktes.

86 Pointiert *von Mises*, (Fn. 153), S. 11f.: „der isolierte preispolitische Eingriff [...] verfehlt den Zweck, den sein Urheber durch ihn erreichen wollte. [...] In diesem Sinne kann man von dem isolierten Eingriff sagen, daß er sinn- und zweckwidrig ist. [...] Es gibt eben keine andere Wahl als die: entweder von isolierten Eingriffen in das Spiel des Marktes abzuziehen oder aber die gesamte Leitung der Produktion und der Verteilung der Obrigkeit zu übertragen."

87 Vgl. Bundesministerium für Wirtschaft und Technologie (2010), (http://www.bmwi.de/BMWi/Redaktion/PDF/Publikationen/energiekonzept-2010,property=pdf,bereich=bmwi,sprache=de,rwb=true.pdf), S. 16.

Literaturverzeichnis

Barrera, F./Jansen, M./Riechmann, C. (2011): Kapazitätsmärkte: Aus der internationalen Praxis lernen?, in: Energiewirtschaftliche Tagesfragen, 61. Jg. 2011, H. 9, S. 8-13.

bdew (2010c): Erneuerbare Energien und das EEG in Zahlen (2010), Berlin 2010

(http://www.bdew.de/internet.nsf/id/DE_Erneuerbare_Energien_und _das_EEG_in_Zahlen_2010/$file/10%2012%2002%20Energie-Info_EE%20und%20EEG%20in%20Zahlen.pdf).

bdew (2010b): Energiemarkt Deutschland, Berlin 2010

(http://www.bdew.de/internet.nsf/id/42E50819A5083E88C1257877002 D00AB/$file/Energiemarkt%20Deutschland_2010.pdf).

bdew (2010a): Strompreisanalyse Frühjahr 2010, Berlin 2010

(http://www.rwe.com/web/cms/mediablob/de/403780/data/403722 /4/rwe/presse-news/so-ensteht-der-strompreis/BDEW-Strompreisanalyse-Fruehjahr-2010.pdf).

Blankart, C. (2005): Null Vorteile für den Umweltschutz, in Handelsblatt, Nr. 216 vom 08.11.2005, S. 11 (lvb.wiwi.hu-berlin.de/vwl/oef/dok/docs/Null.pdf).

Bode, S./Groscurth, H. (2011): Erneuerbare Energien im Energiekonzept der Bundesregierung: und jetzt?, in: Energiewirtschaftliche Tagesfragen, 61. Jg. 2011, H. 6, S. 22-25.

Bundeskartellamt (2011): Sektoruntersuchung Stromerzeugung Stromgroßhandel, Bonn 2011

(http://www.bundeskartellamt.de/wDeutsch/download/pdf/Stellung nahmen/110113_Bericht_SU_Strom__2_.pdf).

Bundesministerium für Wirtschaft und Technologie (2010): Energiekonzept für eine umweltschonende, zuverlässige und bezahlbare Energieversorgung, Berlin 2010

(http://www.bmwi.de/BMWi/Redaktion/PDF/Publikationen/energie konzept-2010,property=pdf,bereich=bmwi,sprache=de,rwb=true.pdf).

Cramton, P./Ockenfels, A. (2011): Ökonomik und Design von Kapazitätsmärkten im Stromsektor, in: Energiewirtschaftliche Tagesfragen, 61. Jg. 2011, H. 9, S. 14-15.

Ehlers, N./Erdmann, G. (2007): Kraftwerk aus, Gewinne rauf? Wird der Preis in Leipzig manipuliert?, in: Energiewirtschaftliche Tagesfragen, 57. Jg. 2007, H. 5, S. 42-45.

EEG (2011): Gesetz für den Vorrang Erneuerbarer Energien, 2011

(http://www.gesetze-im-internet.de/bundesrecht/eeg_2009/gesamt.pdf).

Erdmann, G (2010): Replik auf die Kurzstudie „Stromwatch 3: Energiekonzerne in Deutschland", Berlin 2010.

Erdmann, G. (2008): Indirekte Kosten der EEG-Förderung, Berlin 2008

(http://www.ensys.tu-berlin.de/fileadmin/fg8/Downloads/Publications/2008_Erdmann_indirekte-EEG-Kosten.pdf).

Erdmann, G./Zweifel, P. (2008): Energieökonomik, 2. Aufl., Berlin/Heidelberg 2008.

ewi (2010): Bewertung energiepolitischer Optionen für eine sichere, wirtschaftliche und umweltgerechte Energiepolitik in Deutschland / Analyse der Ursachen für negative Strompreise am 3./4. Oktober 2009 und möglicher Abhilfemaßnahmen, Köln 2010

(http://www.ewi.uni-koeln.de/uploads/media/EWI_Studie-negative-strompreise_BMWI.pdf).

Fischedik, M./Samadi, S. (2010): Die grundsätzlich wirtschaftstheoretische Kritik am Erneuerbare Energien-Gesetz greift zu kurz, in: Energiewirtschaftliche Tagesfragen, 60. Jg. 2010, H. 1/2, S. 122-128.

Frenzel, S. (2007): Stromhandel und staatliche Ordnungspolitik, Berlin 2007, zugl. Diss., Speyer 2005.

Frondel, M. et. al. (2010): Die ökonomischen Wirkungen der Förderung erneuerbarer

Energien: Erfahrungen aus Deutschland, in: Zeitschrift für Wirtschaftspolitik, 59. Jg. 2010, H. 2, S. 107-133.

Frondel, M./Schmidt C. (2006): Emissionshandel und Erneuerbare-Energien-Gesetz: Eine notwendige Koexistenz?, Essen 2006.

(http://www.rwi-essen.de/media/content/pages/publikationen/rwi-positionen/Pos_010_Emissionshandel.pdf)

Frondel, M./Ritter, N./Schmidt, C. (2010): Die Förderung der Photovoltaik: Ein Kosten-Tsunami, in: Energiewirtschaftliche Tagesfragen, 60 Jg. 2010, H. 12, S. 36-44.

Frondel, M./Schmidt/von dem Moore (2010): Eine unbequeme Wahrheit, Essen 2010

(http://www.rwi-essen.de/media/content/pages/publikationen/rwi-positionen/Pos_040_Eine-unbequeme-Wahrheit.pdf).

Hofer, R. (2008): Technische und wirtschaftliche Grundlagen, in: Bartsch, M. et. al. (Hrsg.): Stromwirtschaft, 2. Aufl., München 2008, Kapitel 27 bis 37, S. 342-417.

Joskow, P.L. (2006): Competitive Electricity Markets and Investment in New Generating Capacity, Cambridge, Massachusetts 2006

(http://tisiphone.mit.edu/RePEc/mee/wpaper/2006-009.pdf).

KernbrStG (2010): Kernbrennstoffsteuergesetz, 2011

(http://www.gesetze-im-internet.de/bundesrecht/kernbrstg/gesamt.pdf).

Konstantin, P. (2006): Praxisbuch Energiewirtschaft, 2. Aufl., Berlin/Heidelberg 2006.

Leprich, U. (2007): Die vier großen deutschen Energieunternehmen unter der Lupe, Saarbrücken 2007 (www.htw-saarland.de/wiwi/fakultaet/personen/professoren/dozenten-ho/leprich/leprich/publikationen/Leprich%202007%20Kurzstudie%20EVU-Gewinne%20final.pdf).

Leprich, U./Junker, A. (2010): Stromwatch 3: Energiekonzerne in Deutschland, Saarbrücken 2010

(www.htw-saarland.de/wiwi/fakultaet/personen/professoren/dozenten-ho/junker/publikationen/stromwatch-3).

Leprich, U./Junker, A. (2009): Stromwatch 2 - Die vier deutschen Energiekonzerne, Saarbrücken 2009

(www.htw-saarland.de/wiwi/fakultaet/personen/professoren/dozenten-ho/leprich/leprich/publikationen/Leprich%20Kurzstudie%202008%20EVU%20Gewinne%2019022009.pdf).

Monopolkommission (2011): Strom und Gas 2011: Wettbewerbsentwicklung mit Licht und Schatten, erscheint in Kürze

(http://www.monopolkommission.de/sg_59/s59_volltext.pdf).

Monopolkommission (2009): Strom und Gas 2009: Energiemärkte im Spannungsfeld von Politik und Wettbewerb , Baden-Baden 2009

(http://www.monopolkommission.de/sg_54/s54_volltext.pdf).

Moody's (2011): Credit Opinion: RWE AG

(http://www.rwe.com/web/cms/mediablob/en/113886/data/113900/7/rwe/investor-relations/bonds/credit-ratings/moodys-download.pdf).

Neubart, J. (2011): Integration erneuerbarer Energien in das Stromversorgungssystem, in: Energiewirtschaftliche Tagesfragen, 61. Jg. 2011, H. 8, S. 8-13.

Nienhaus, V. (2007): Strukturpolitik, in: Apolte, T. et. al. (Hrsg.): Vahlens Kompendium der Wirtschaftstheorie und Wirtschaftspolitik, Bd. 2, 9. Aufl., München 2007.

Nitsche, R. et. al. (2010): Großhandelsmarkt für Strom - Marktintegration und Wettbewerb aus deutscher Perspektive, in: Energiewirtschaftliche Tagesfragen, 60. Jg. 2010, H. 3, S. 28-37.

Ockenfels, A. (2008): Neun Beobachtungen zur Preisbildung im liberalisierten Strommarkt: Darf man seiner Intuition vertrauen?, Köln 2008.

Ockenfels, A. (2007): Strombörse und Marktmacht, in: Energiewirtschaftliche Tagesfragen, 57. Jg. 2007, H. 5, S. 44-58.

Papier, H.-J. (1984): Staatliche Einwirkungen auf die Energiewirtschaft, in: Wilke, D. (Hrsg.): Festschrift zum hundertfünfundzwanzigjährigen Bestehen der Juristischen Gesellschaft zu Berlin, Berlin 1984, S. 529-547.

Paulun, Tobias (2010): Auswirkungen der Vermarktung von EEG-Energiemengen über die Börse, in: Energiewirtschaftliche Tagesfragen, 60. Jg. 2010, H. 5, S. 36-39.

Samadi, S./Lechtenböhmer, S./Fischedik, M. (2011): Kein Grund zur Panik: Preiseffekte eines beschleunigten Kernenergieausstiegs, in: Energiewirtschaftliche Tagesfragen, 61. Jg. 2011, H. 7, S. 8-13.

Seeliger, A. (2000): Ist die Verbändevereinbarung zur Stromnetznutzung gescheitert?, in: Wirtschaftsdienst, 80. Jg. 2000, H. 11, S. 661-665.

Schiffer, H.-W. (2008): Energiemarkt Deutschland, 10. Aufl., Köln 2008.

Schwarz, H.-G./Lang, C. (2006): The Rise in German Wholesale Electricity Prices: Fundamental Factors, Exercise of Market Power, or both?, Erlangen 2006 (http://www.economics.phil.uni-erlangen.de/forschung/energie/abstracts/MarketPower.pdf).

Sinn, H.-W. (2008): Das grüne Paradoxon, Berlin 2008.

Standard & Poor's (2011): RatingsDirect on the Global Credit Portal: RWE AG (http://www.rwe.com/web/cms/mediablob/en/113888/data/113900/8/rwe/investor-relations/bonds/credit-ratings/standard-poors-download.pdf).

Stoft, S. (2002): Power System Economics, New York 2002.

Ströbele, W./Pfaffenberger, W./Heuterkes, M. (2010): Energiewirtschaft, 2. Aufl., München 2010.

Traber, T./Kemfert, C. (2009): Impacts of the German Support for Renewable Energy on Electricity Prices, in: The Energy Journal, 30. Jg., H. 3, S. 155-178.

Übertragungsnetzbetreiber (2010): EEG-Mittelfristprognose, Berlin/Dortmund/Stuttgart/Bayreuth 2010

(http://www.eeg-kwk.net/de/file/Zusammenfassung_Mittelfristprognose.pdf)

Unicredit (2011): Equity Reasearch: European Utilities - Current Themes, Sector Report, 13 January 2011, München 2011.

Utility Partners/Get AG (2010): Haushaltsstrompreise 1/2010, Leipzig/Solingen 2010 (http://www.get-ag.com/fileadmin/content/pdf/2010_1_Studie_Haushaltsstrompreise_Utilitypartners_GET.pdf).

Varian, H. (1994): Mikroökonomie, 3. Aufl., München 1994.

Von Hirschhausen, Christian/Weigt, Hannes/Zachmann, Georg (2007): Preisbildung und Marktmacht auf den Elektrizitätsmärkten in Deutschland, Dresden 2007

(http://tu-dresden.de/die_tu_dresden/fakultaeten/fakultaet_wirtschaftswissenschaften/bwl/ee2/dateien/ordner_publikationen/wp_ge_15_hirschhausen_weigt_zachmann_marktmacht_deutschland_elektrizitaet.pdf).

Von Mises, Ludwig (1929): Kritik des Interventionismus, Jena 1929.

Wissen, R./Nicolosi, M. (2008): Ist der Merit-Order-Effekt der erneuerbaren Energien richtig bewertet?, in: Energiewirtschaftliche Tagesfragen, 58. Jg. 2008, H. 1/2, S. 110-115.

Wissenschaftlicher Beirat beim Bundesministerium für Wirtschaft und Arbeit (2004): Zur Förderung erneuerbarer Energien, Köln 2004 (http://www.bmwi.de/BMWi/Redaktion/PDF/Publikationen/Dokumentationen/erneuerbare-energien-doku-534,property=pdf,bereich=bmwi,sprache=de,rwb=true.pdf).

Betriebliche Investitionsentscheidungen und energiepolitische Weichenstellungen (Christoph Weber*)

A. Einleitung

Die Energiewirtschaft hat in den letzten anderthalb Jahrzehnten tiefgreifende Veränderungen durchgemacht und weitere tiefgreifende Änderungen sind angekündigt. Mit der EG-Richtlinie 96/92/EG aus dem Jahr 1996 und der daraus resultierenden Novelle des deutschen Energiewirtschaftsgesetzes (EnWG) ist im Jahr 1998 der deutsche Strom- und Gasmarkt für den Wettbewerb geöffnet worden. Obwohl der Wettbewerb auf den Endkundenmärkten nach Ansicht vieler Marktbeobachter zunächst nur schleppend in Gang kam, war aus Sicht der Energieunternehmen klar, dass zukünftig das Risiko unternehmerischen Misserfolgs deutlich größer sein würde. Denn die Überwälzung entstandener Kosten auf die Kunden war damit nicht mehr ohne Weiteres möglich. In den folgenden Jahren wurden durch das zweite und dritte EU-Energiebinnenmarkt-Paket die Anforderungen an die Unternehmen weiter verschärft, gleichzeitig wurden die Unternehmen mit der Einführung des EU-weiten Handels mit CO_2-Emissionszertifikaten auf Basis der EU-Richtline mit einer weiteren fundamentalen Veränderung in ihrem Umfeld konfrontiert. Hinzu kam die Vereinbarung zwischen der Bundesregierung und den großen deutschen Energieunternehmen zum Ausstieg aus der Kernenergienutzung bis zum Jahr 2022. Außerdem haben die Entwicklungen an den weltweiten Energiemärkten spätestens seit 2005 ebenfalls eine zuvor kaum gekannte Dynamik entfaltet, gekennzeichnet u. a. durch einem Ölpreisanstieg bis auf knapp 150 $/bbl im Jahr 2008 und einem anschließenden Verfall im Zug der weltweiten Finanz- und Wirtschaftskrise bis auf weniger als 40 $/bbl innerhalb weniger Monate, gefolgt von einem bis heute anhaltenden Wiederanstieg. Zudem hat sich

---

* Prof. Dr. Weber ist Inhaber des Lehrstuhls für Energiewirtschaft an der Universität Duisburg-Essen.

mit der wachsenden Förderung der Erneuerbaren Energien und deren damit einhergehenden Ausbau eine weitere wesentliche Veränderung der Rahmenbedingungen für die etablierten Energieunternehmen ergeben. Für die Zukunft sind weitere tiefgreifende Veränderungen zu erwarten, nicht zuletzt in Anbetracht des Energiekonzepts der Bundesregierung, dass eine weitreichende Vision zum Umbau der Energiewirtschaft bis zum Jahr 2050 entwirft, ohne dass die Details der Ausgestaltung klar wären.

Vergleichend tiefgreifende Transformationen und Unwägbarkeiten waren für die Energieunternehmen bis vor kurzem weitgehend unbekannt. Eine nähere Betrachtung erscheint daher angebracht, welche Wechselwirkungen zwischen energiepolitischen Zielvorgaben und betriebswirtschaftlichen Entscheidungen zu erwarten sind. Dazu ist es zum einen angebracht zu überprüfen, inwiefern vergleichbare Konstellationen in anderen Branchen zu beobachten sind und welche Methoden die Betriebswirtschaftslehre zur Entscheidungsunterstützung in solch einem Kontext zur Verfügung stellt. Dies wird nachfolgend in Abschnitt 2 erörtert. Neben den allgemeinen Unwägbarkeiten des Wettbewerbs sind für die derzeitige Situation der Energiewirtschaft die stark ausgeprägten politischen Zielvorstellungen charakteristisch. Bereits vor dem Unglück im Kernreaktor von Fukushima waren die Stichworte „Transformation der Energiewirtschaft“ bzw. „Energiewende“ in der deutschen energiepolitischen Debatte maßgeblich. In Abschnitt 3 wird diese starke politische Einflussnahme auf Unternehmensentscheidungen, wie sie insbesondere im deutschen Energiemarkt in Fragen der Kernenergienutzung, aber auch beim Ausbau erneuerbarer Energien zu beobachten ist, näher betrachtet. Die Kompatibilität der energiepolitischen Strategien und Instrumente mit energiewirtschaftlichen Investitionsentscheidungen und die Wechselwirkungen zwischen Energiepolitik und Energiewirtschaft sind Gegenstand von Abschnitt 4. Einige der dabei zu beobachtenden Phänomene werfen weiterführende Fragen auf, die in Abschnitt 5 auch im Hinblick auf zukünftigen Forschungsbedarf beleuchtet werden. Daran schließt sich ein Fazit in Abschnitt 6 an.

B. Investitionsentscheidungen in betriebswirtschaftlicher Praxis und Theorie

Wirft man einen Blick in betriebswirtschaftliche Lehrbücher zur Finanzwirtschaft (z. B. Perridon et al. 2009, Kruschwitz 2008), so findet man zur Entscheidungsunterstützung für Investitionsentscheidungen in der Regel zwei Gruppen von Verfahren der Investitionsrechnung: zum einen statische Methoden und zum anderen dynamische Methoden (vgl. Abbildung 27). Beiden Gruppen ist gemeinsam, dass durch Zusammenfassung der mit einem Investitionsvorhaben verbundenen Ein- und Auszahlungen in eine Kenngröße die Vorteilhaftigkeit der Investition im Vergleich zu Alternativen bewertet werden soll. Der wesentliche Unterschied zwischen den Verfahrensgruppen liegt in der Berücksichtigung des Zeitpunkts der Ein- und Auszahlungen. Bei den statischen Verfahren wird im Wesentlichen eine Zeitperiode betrachtet und Unterschiede bzgl. des Zeitpunkts der Ein- und Auszahlungen werden nicht berücksichtigt. Damit werden auch Zinseffekte nicht oder allenfalls näherungsweise berücksichtigt. Bei den dynamischen Verfahren der Investitionsrechnung wird hingegen der Zeitpunkt von Ein- und Auszahlungen explizit berücksichtigt und somit können erforderliche Zinszahlungen beziehungsweise erzielbare Verzinsungen detailliert einbezogen werden.

- Statische Verfahren der Investitionsrechnung
  - Kostenvergleichsrechnung
  - Gewinnvergleichsrechnung
  - Rentabilitätsvergleichsrechnung
  - Amortisationsrechnung
  - ...
- Dynamische Verfahren der Investitionsrechnung
  - Kapitalwertmethode
  - Annuitätenmethode
  - Methode des internen Zinsfußes
  - Dynamische Amortisationsrechnung
  - Methode vollständiger Finanzpläne
  - ...

Abbildung 27: Methoden der Investitionsrechnung in der betriebswirtschaftlichen Literatur

In der Praxis werden für kleinere Investitionsentscheidungen häufig statische Verfahren herangezogen, da der Aufwand zur Bewertung deutlich geringer ausfällt. Bei größeren Investitionsvorhaben wird hingegen in der Regel mit dynamischen Verfahren gearbeitet, wobei zumeist das sogenannte Kapitalwertverfahren (englisch: Discounted Cash Flow, kurz DCF) herangezogen wird. Dies gilt insbesondere auch für Kraftwerksinvestitionen in der Energiewirtschaft, bei denen Investitionsvolumina im Bereich von Hunderten Millionen Euro bis mehrere Milliarden Euro zu bewerten sind.

Das Grundprinzip der Kapitalwertmethode besteht darin, dass sämtliche Ein- und Auszahlungen über die Nutzungsdauer der Investition mit Hilfe eines vorgegebenen Kalkulationszinssatzes auf einen einheitlichen Zeitpunkt bezogen werden. Zumeist wird hier der Nettobarwert (englisch: Net Present Value, kurz NPV) betrachtet, das heißt der Wert der zukünftigen Einzahlungsüberschüsse minus der Anfangsinvestition bezogen auf den heutigen Zeitpunkt. Formal lässt sich der Nettobarwert schreiben als:

$$NPV = -A_0 + \frac{1}{1+i}(E_1 - A_1) + \frac{1}{(1+i)^2}(E_2 - A_2) + \ldots + \frac{1}{(1+i)^T}(E_T - A_T)$$
$$= -A_0 + \sum_{t=1}^{T} \frac{1}{(1+i)^t}(E_t - A_t)$$

mit:

NPV	-	Nettobarwert
A_t	-	Auszahlung zum Zeitpunkt t
A_0	-	Anfangsauszahlung (Investitionssumme)
E_t	-	Einzahlung zum Zeitpunkt t
i	-	kalkulatorischer Zinssatz
T	-	Ende des Betrachtungszeitraum (in der Regel Ende der Nutzungsdauer der Investition)
Σ	-	Summenoperator, hier Summierung über die Laufvariable t vom Anfangszeitpunkt 1 bis zum Endzeitpunkt T

Diese Formel lässt sich, insbesondere bei Verwendung des Summenoperators, kompakt darstellen und relativ einfach anwenden. Entscheidend bei der Anwendung sind jedoch die folgenden Aspekte:

- Wie werden zukünftige Ein- und Auszahlungen E_t und A_t ermittelt?
- Wie wird der Kalkulationszinssatz i festgelegt?
- Wie werden Unsicherheiten abgebildet?

Für die erste Frage gilt grundsätzlich, dass die zukünftig zu erwartenden Ein- und Auszahlungen aufgrund einer Analyse des Marktumfelds und der eigenen Ertragssituation zu ermitteln sind. Bei der Festlegung des Kalkulationszinssatzes betont insbesondere die angelsächsische finanzwirtschaftliche Theorie (z. B. Brealey et al. 2010, Copeland et al. 2003), dass dieser den Kapitalkosten des Unternehmens entsprechen sollte, ggf. bei Kapitalknappheit erhöht um eine sogenannte hurdle rate. Dabei werden als Kapitalkosten in der Regel die gewichteten Kosten von Eigen- und Fremdkapitalkosten (engl.: weighted average cost of capital, kurz WACC) herangezogen. Die Eigenkapitalkosten werden auf der Basis des sogenannten Capital Asset Pricing Models (kurz CAPM, vgl. Sharpe 1964, Moss 1964, Lintner 1964) aus den Aktienkursschwankungen des Unternehmens abgeleitet. In den Aktienkursschwankungen drücken sich nach der gängigen Kapitalmarkttheorie veränderte Erwartungen bezüglich des Ertragswerts des Unternehmens aus. Damit reflektieren die Kapitalkosten auch die vom Markt erwarteten Unsicherheiten bezüglich der zukünftigen Gewinne.

RWE weist zum Beispiel im Geschäftsbericht 2010 gewichtete Kapitalkosten von 9 % vor Steuern aus (vgl. RWE 2010), ähnliches gilt für die wesentlichen Wettbewerber in Deutschland und Europa. Damit liegt der für die Investitionsbewertung zugrundegelegte Zinssatz deutlich über dem risikofreien Zinssatz, der sich näherungsweise über die Rendite für langlaufende Bundesanleihen beobachten lässt. Diese liegt derzeit bei rund 3 % und war in den letzten zehn Jahren kaum einmal höher als 5 %.

Dadurch dass der von RWE verwendete Kapitalkostensatz deutlich höher ist, werden Einzahlungsüberschüsse in ferner Zukunft im Kapitalwert deutlich weniger stark gewichtet als früher anfallende. Das ist in Abbildung 28 beispielhaft unter vereinfachenden Annahmen dargestellt. Bei einer Investition mit einer Nutzungsdauer von 40 Jahren und konstanten Einzahlungsüberschüssen entfällt auf die Einzahlungsüberschüsse der letzten zehn Jahre nur ein Anteil von knapp 7 % am gesamten Kapitalwert. Damit wird der erheblichen Unsicherheit bezüglich dieser zukünftigen Überschüsse Rechnung getragen.

Gleichzeitig kontrastiert diese Bewertung mit der Perspektive der Transformation der Energiewirtschaft, wie sie derzeit in der deutschen und europäischen Energiepolitik diskutiert wird. Dies wird im nächsten Abschnitt verdeutlicht.

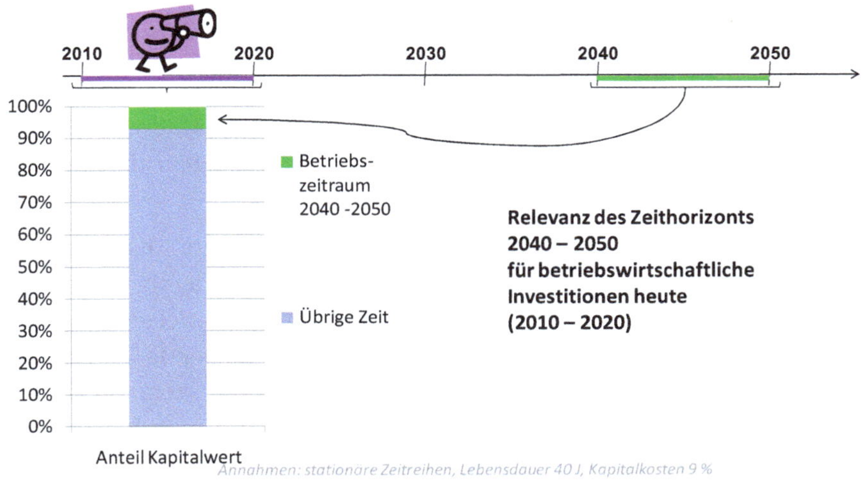

Abbildung 28: Gewichtung zukünftiger Zahlungsströme für heutige Investitionsentscheidungen

C. Politische Szenarien zur „Transformation der Energiewirtschaft"

In der deutschen und europäischen Energiepolitik genießt der Umwelt- und insbesondere der Klimaschutz derzeit eine sehr hohe Priorität. Basierend auf den Studien der Klimaforscher und insbesondere den Berichten des IPCC[88] (vgl. IPCC 2007) wird eine Reduktion der jährlichen Treibhausgasemissionen in Europa um mindestens 80 % zwischen 1990 und 2050 als erforderlich angesehen, um die globale Erwärmung mit großer Wahrscheinlichkeit auf 2 °C zu begrenzen.

In verschiedenen Studien von Wissenschaftlern und Unternehmensberatungen ist in der Zwischenzeit dargelegt worden, dass eine solche radikale Transformation der europäischen Energiewirtschaft möglich sei (vgl. etwa PWC 2010, ECF et al. 2010, EWI et al. 2010). Neben der englischen Regierung hat die deutsche Regierung innerhalb Europas das um-

88 IPCC: Intergovernmental Panel on Climate Change. Das IPCC ist eine gemeinsame Unterorganisation des UN Umweltprogramms (UNEP) und der Weltorganisation für Meteorologie (WMO).

fassendste und konkreteste Konzept zur Umsetzung dieser Zielsetzungen vorgelegt (vgl. BMWI, BMU 2010). Ausgehend von der obengenannten Zielsetzung einer Emissionsminderung um mindestens 80 % wird im Energiekonzept der Bundesregierung ein Bündel von Maßnahmen und Strategien dargestellt, mit denen der erforderliche Umbau der Energieversorgung und -anwendung realisiert werden soll.

Unabhängig davon, ob die von Wissenschaftlern, Beratungsunternehmen und Regierungen dargelegten Maßnahmen und deren Wirkungen realistisch sind, springt ein Punkt im Vergleich zu betriebswirtschaftlichen Investitionsentscheidungen ins Auge: die weitgehende Vernachlässigung von Unsicherheit. Vom als gegeben angenommenen Ziel, der erforderlichen Emissionsreduktion 2050, wird auf die erforderlichen Maßnahmen in den kommenden Jahren zurückgeschlossen. Bezüglich heutiger langfristiger Investitionen ergibt sich dann das in Abbildung 29 dargestellte Bild. Bei einer Nutzungsdauer von 40 Jahren und einer gleichmäßigen Verteilung der Investitionen kommt den Investitionen der kommenden Dekade ein Gewicht von 25 % für die energiewirtschaftlichen Strukturen im Jahr 2050 zu. In Anbetracht der realen Altersstruktur des deutschen Kraftwerksparks und der deutschen Energienetze dürfte das tatsächliche Gewicht eher noch größer sein, da in den kommenden zehn Jahren ein erheblicher Reinvestitionsbedarf besteht.

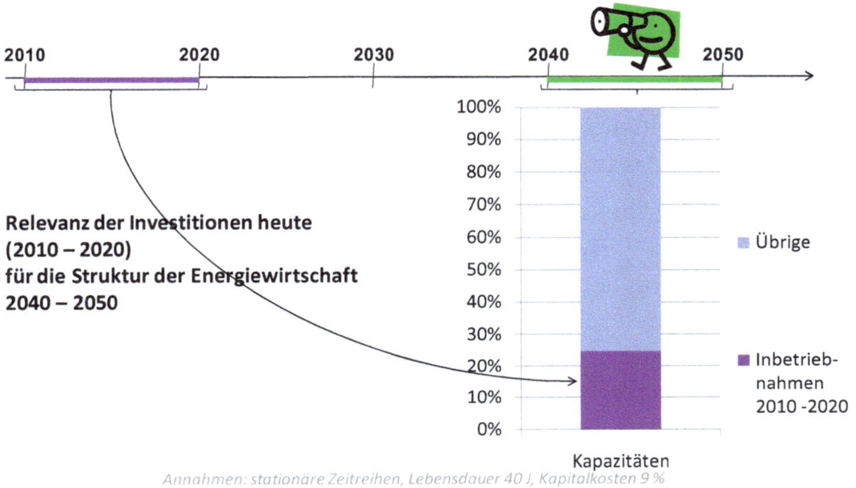

Abbildung 29: Relevanz heutiger Investitionsentscheidungen für die zukünftige Struktur der Energiewirtschaft

Auf jeden Fall ergibt sich eine erhebliche Divergenz zwischen der betriebswirtschaftlichen Gewichtung der zukünftigen Jahre und der politisch wahrgenommenen Relevanz heutiger Investitionsentscheidungen für die Transformation der Energiewirtschaft.

D. Umgang mit inkompatiblen Perspektiven

Das aufgezeigte Spannungsverhältnis zwischen politischer und betriebswirtschaftlicher Bewertung kann dazu führen, dass die Investitionsentscheidungen der Unternehmen im Markt nicht den politischen Vorstellungen einer „Energiewende" entsprechen. Zum Beispiel wurde von den Unternehmen in den letzten Jahren weit weniger in die als energieeffizient geltende KWK[89] investiert, als dies von der Politik für erforderlich erachtet wurde – im Integrierten Energie- und Klimaschutzprogramm von 2007 hatte die Bundesregierung das Ziel formuliert, den Anteil der KWK bis zum Jahr 2020 auf 25 % der Stromerzeugung zu ver-

89 Zu den Energieeinspar- und CO2-Minderungseffekten der KWK s. etwa *Erdmann, D.* (2010).

doppeln (vgl. BMU 2007). Auch die in den letzten Jahren beobachtbaren Investitionen in Erneuerbare Energien sind nicht rein marktbasierte Investitionsentscheidungen. Vielmehr sind diese die Folge von erheblichen staatlichen Eingriffen in das Marktgeschehen, im Fall der Erneuerbaren vor allem durch das Erneuerbare Energien Gesetz (EEG).

Diese Markteingriffe sind eine Reaktion der Politik auf das von ihr wahrgenommene Versagen von Märkten und Unternehmen im Hinblick auf die Umsetzung der politischen Ziele. Die bedeutsamsten politischen Eingriffe in den deutschen Energiemarkt sind neben dem EEG der europaweite Emissionszertifikatehandel, die Ökosteuer, das Kraft-Wärme-Kopplungs-Gesetz (KWKG) und das Erneuerbare Energien Wärme Gesetz (EEWärmeG).

Emissionszertifikatehandel und Ökosteuer sind auch in der ökonomischen Theorie als effiziente Instrumente zur Behebung von Marktversagen beim Vorliegen von externen Effekten bekannt (vgl. etwa Endres 2007, Feess 2007). Allerdings sind die Ausgestaltung in Deutschland und Europa sicherlich nicht so, dass von einem „First-best" Instrument im Sinne der ökonomischen Theorie gesprochen werden kann - insbesondere aufgrund der mangelnden Differenzierung der Ökosteuer nach den CO_2-Emissionen der eingesetzten Energieträger und aufgrund der sektoralen Begrenzung des Zertifikatehandels auf ausgewählte energieintensive Anlagen.

Problematischer sind jedoch die übrigen Instrumente. Hier erfolgt eine „Anmaßung von Wissen" (vgl. Hayek 1974) von Seiten der Politik, die meint, die optimalen Ergebnisse der Marktprozesse vorwegnehmen zu können und dementsprechend durch Eingriffe diese gezielt erreichen zu können. Die Praxis zeigt allerdings, dass dies häufig nicht wie erwünscht klappt. Teilweise bleibt der Erfolg aus wie beim KWK-Gesetz, teilweise kommt es auch umgekehrt zu einem Übermaß an Ausbau, wie im Jahr 2010 bei der Photovoltaik zu beobachten. Dies hat in diesem Fall ebenso wie in anderen zu einem Nachjustieren bei der Gesetzgebung geführt, das letztendlich jedoch eine mangelnde Verlässlichkeit des staatlichen Rahmens für betriebswirtschaftliche Investitionen zur Folge hat. Es besteht die Gefahr einer Interventionsspirale, bei der der Staat immer mehr in den Markt eingreift, nachdem er durch erste Eingriffe die Preisbildung und die Anreize für Investoren verzerrt hat. Die Aufblähung des EEG von 21 Paragraphen in der Fassung von 2004 auf 66 Paragraphen in der Fassung von 2009 ist hierfür ein Indiz.

Eine Folge dieses staatlichen Interventionismus ist ein Attentismus bei den Unternehmen. Da sie aufgrund schnell wechselnder Rahmenbedingungen mit höheren Risiken bei Investitionen rechnen müssen, halten sie sich mit Investitionen insgesamt zurück. Oder sie verlagern diese in andere Länder, in denen die Rahmenbedingungen stabiler sind. In der Vergangenheit hat Deutschland als Standort für Industrieunternehmen auch damit punkten können, dass die Rahmenbedingungen als stabil galten und in der Regel nicht nachträglich zuungunsten der Unternehmen geändert wurden. Das Einfordern von verlässlichen Rahmenbedingungen ist daher eine nachvollziehbare Reaktion der Unternehmen, die Erhöhung der geforderten Verzinsung bei Investitionsprojekten eine andere. Damit erreicht eine interventionistische Politik ggf. aber genau das Gegenteil dessen, was das eigentliche Ziel war: eine verstärkte Gewichtung der kurzfristigen Rentabilität im Vergleich zu den langfristig Implikationen der Investitionen.

Einen simplen Ausweg aus diesem Dilemma gibt es kaum. Zweifellos ist eine stärkere Besinnung der Energiepolitik auf die Vorteile von Markt und unverfälschtem Wettbewerb wünschenswert. Allerdings gibt es mit dem natürlichen Monopol bei den Energienetzen und den negativen externen Effekten in Form von Umweltbelastungen (dazu gehören ja nicht nur Treibhausgasemissionen) zwei theoretisch gut fundierte Gründe für staatliche Eingriffe in die Energiemärkte. Und in theoretischen ökonomischen Modellen lässt sich auch zeigen, dass selbst die spezifische Förderung von Erneuerbaren Energien positive Wohlfahrtseffekte induzieren kann, wenn steigende Skalenerträge durch Forschung und Entwicklung sowie sogenanntes Know-How-Spillover[90] berücksichtigt

---

90 Gemeint ist hierbei, dass Unternehmen ihr durch Forschung und Entwicklung oder Learning-by-Doing erworbenes Wissen nicht nur selbst nutzen können, sondern dass dieses auch Wettbewerbern zu Gute kommt. Das Wissen um entsprechende technologische Fortschritte wird durch Zerlegung von

werden (vgl. Fischer, Newell 2008 sowie Weber, Himmes 2011). Dabei ist jedoch zu beachten, dass diese ökonomischen Modelle nahelegen, den Schwerpunkt auf die Förderung von Forschung und Entwicklung zu legen.

In diesem Kontext ist neben der naturwissenschaftlich-technischen Forschung auch die ökonomische, sowohl volkswirtschaftliche als auch betriebswirtschaftliche, Forschung für die Weiterentwicklung der Energiewirtschaft von Bedeutung. Die gängigen ökonomischen Modelle zeichnen sich zwar durch eine hohe theoretische Konsistenz und formale Eleganz aus, aber die Erfahrungen der globalen Finanz- und Wirtschaftskrise der Jahre 2008 und 2009 legen nahe, dass dies unter Umständen nicht ausreicht, um das reale Wirtschaftsgeschehen angemessen abzubilden. An der Schnittstelle von Theorie und Praxis ergibt sich daher ein erhöhter Forschungsbedarf, um die Grenzen und Prämissen der etablierten Methoden besser zu verstehen und gegebenenfalls Alternativen aufzuzeigen.

E. Ökonomischer Forschungsbedarf

Dass Investitionsbewertungen in der Energiewirtschaft nach vollkommen anderen Regeln durchgeführt würden als in anderen Branchen, ist keinesfalls sinnvoll. Dennoch gilt es zu überprüfen, wie die Spezifika der Branche bei der Investitionsbewertung angemessen berücksichtigt werden können. Insbesondere die folgenden Spezifika der Energiewirtschaft sind hierbei zu reflektieren:

- die lange Nutzungsdauer von Anlagen, sowohl bei Kraftwerken als auch bei Netzen,
- die Homogenität des Produktes Strom bei gleichzeitiger Heterogenität der Produktionsprozesse (Kohle-, Gas-, Kernkraftwerke, Wind-, Solar-, Biogasanlagen etc.),

---

Konkurrenzprodukten, durch Analyse von Patentanmeldungen, durch nachahmende Entwicklung und durch Mitarbeiterfluktuation auch den Wettbewerbern zugänglich, und auch weltweite Patentanmeldungen bilden hier keinen umfassenden Schutz.

- die hohe Bedeutung staatlicher Regulierungen infolge natürlicher Monopole und negativer Umwelteffekte.

Außerdem ist zu untersuchen, ob nicht manche, teilweise schon lang bekannte Schwäche etablierter Verfahren gerade im Kontext der Energiewirtschaft besonderer Aufmerksamkeit bedarf.

Neben der finanzwirtschaftlichen Bewertung von Investitionsvorhaben sind in der Energiewirtschaft immer auch Szenarien verwendet worden, um die Implikationen unterschiedlicher Entwicklungen zu analysieren. Mit Szenarien lassen sich vielfältige Unsicherheiten in strukturierter Weise zusammenfassen und darstellen. Ein Beispiel für aktuelle Szenarienwelten findet sich in Abbildung 30.

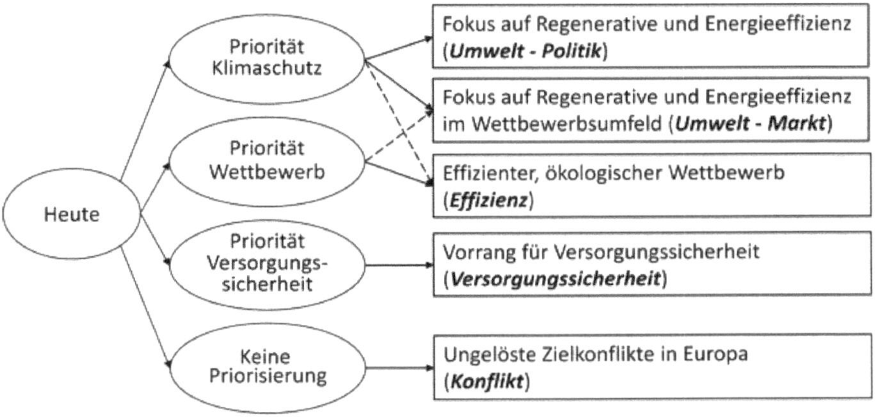

Abbildung 30: Aktuelle Szenarienwelten des Lehrstuhls für Energiewirtschaft (vgl. Weber et al. 2011)

Allerdings wird zwischen Szenarioanalyse und Investitionsbewertung bisher weitgehend ad hoc eine Verbindung hergestellt. Die mit Hilfe der Szenarioanalyse abgeleiteten zukünftigen Strom- und Brennstoffpreise werden zumeist verwendet, um die zukünftigen Ein- und Auszahlungen für Investitionsvorhaben zu ermitteln. Kaum reflektiert wird, wie die im Rahmen der Szenarioanalyse ermittelten Unsicherheiten und die im Zinssatz enthaltene Risikoprämie zusammenpassen. Hier erscheint eine

Analyse und Vergleich der jeweils unterstellten Risikostrukturen angebracht.

Bezüglich der Ermittlung des risikoadäquaten Zinssatzes ist auch zu fragen, ob der gängige Ansatz auf der Basis des einperiodigen CAPM-Verfahren geeignet ist, die langfristigen Unwägbarkeiten in der Energiewirtschaft angemessen zu beschreiben. Verschiedene empirische Untersuchungen haben belegt, dass die realen Daten verschiedener Beobachtungen kaum mit dem CAPM in Übereinstimmung zu bringen sind (z. B. Fama, French 1992, Jagannathan, McGratten 1995). Außerdem fluktuiert im Zeitverlauf der Parameter beta, der den systematischen Anteil der Kursschwankungen beschreibt, für einzelne Unternehmen erheblich.

In der umweltökonomischen Perspektive wird daneben auch die Frage gestellt, wie eine starke Abzinsung mit einer angemessenen Gewichtung langfristiger Umweltwirkungen in Übereinstimmung gebracht werden kann (vgl. etwa Gollier 2010). Dies führt zu Überlegungen, ob evtl. für weit in der Zukunft liegende Perioden andere Abzinsungsfaktoren angebracht sein könnten. Allerdings ergeben sich aus solchen zeitvariablen Zinssätzen gegebenenfalls Probleme der Zeitinkonsistenz, so dass weitergehende Analyse der praktischen und theoretischen Implikationen solcher Ansätze angebracht erscheint.

Eine weitere theoretisch abgeleitete, jedoch in der Praxis nicht unproblematische Eigenschaft des CAPM-Ansatzes ist, dass nur Risiken berücksichtigt werden, die mit dem allgemeinen Marktrisiko korreliert sind. Andere, sogenannte unsystematische Risiken sind bei der Bewertung von Investitionsvorhaben demnach nur insoweit relevant, als sie den erwarteten Ertrag schmälern. Dies erscheint bei energiewirtschaftlichen Investitionen nicht zuletzt deshalb fragwürdig, weil politische Risiken in der Regel nur gering mit dem Marktrisiko korrelieren, jedoch gleichzeitig die Geschäftsgrundlage der Unternehmen ganz erheblich beeinflussen können. Hier erscheint erwägenswert, ob auf der Basis der Ansätze von Bradley et al. (1983), Stulz (1985) oder Froot et al. (1993) ein praktikabler Weg gefunden werden kann, um das unsystematische Risiko angemessen zu berücksichtigen. Eine Konsequenz aus der Relevanz unsystematischer Risiken und der begrenzten Beobachtbarkeit der Risikostruktur einzelner Projekte könnte auch die Verwendung von portfolioorientierten Ansätzen bei der Investitionsbewertung sein. So sind basierend auf den Arbeiten von Awerbuch (2003) bereits verschiedene Ansätze zur Übertragung der Portfoliotheorie von Markowitz (1952) auf energiewirtschaftliche Portfolien entwickelt worden. Diese erscheinen allerdings bislang nur bedingt praxistauglich, insbesondere sind die Ergebnisse auch sehr sensitiv gegenüber Veränderungen in den Parameterschätzungen. Daher ist auch zu überlegen, inwiefern Ansätze zur robusten Portfolio-optimierung hier relevant sein könnten.

Aufgrund der langen Nutzungsdauer energiewirtschaftlicher Anlagen ist zudem zu überprüfen, ob die Investitionsbewertung nicht auch ergänzt werden kann durch eine detailliertere Risikoanalyse. Hier könnte das von Artzner et al. (2001) entwickelte Konzept mehrperiodiger Risikomaße eine wichtige Rolle spielen, da es über die gängigen Risikomaße aus dem Handelsbereich wie Value at Risk und Conditional Value at Risk hinausgeht und es damit ermöglicht, die Nicht-Fungibilität einmal getätigter Investitionen in der Energiewirtschaft abzubilden.

F. Fazit

Investitionsbewertungen der Unternehmen und Investitionswünsche der Politik sind in den letzten Jahren zum Teil erheblich voneinander abgewichen. Zusätzlich haben verschiedene politische Vorgaben der letzten Jahre das Erreichen risikoadäquater Verzinsungen für Energieunternehmen erschwert. Hierzu gehören insbesondere folgende Regelungen:

- Übergang zur Vollauktionierung von Emissionszertifikaten ab 2013
- Hohe, feste Vergütungssätze für einige Erneuerbare und dadurch induzierte Überinvestitionen
- Regulierung der zulässigen Eigenkapitalverzinsung für Netzinvestitionen durch die Bundesnetzagentur
- Ausgestaltung der Kostenprüfung und -anerkennung im Rahmen der Netzentgeltregulierung.

Außerdem ist durch politische Maßnahmen die Ertragskraft der Unternehmen im Vergleich zu europäischen Wettbewerbern geschmälert worden und damit die Finanzierungsfähigkeit für neue Investitionen. Dies gilt insbesondere für die Brennelementesteuer und den vorgesehene Energie- und Klimafonds. Auch eine Fortführung der Abschaltung älterer Kernreaktoren über das Moratorium hinaus hat negative Konsequenzen für die Ertragskraft der betroffenen Unternehmen.

Die Gesamtsituation wird weiter dadurch verkompliziert, dass deutsche Energiepolitik und Energiemärkte eingebunden sind in den größeren europäischen Kontext und dass zudem die zentrale umweltpolitische Herausforderung des Klimaschutzes ein globales Problem darstellt.

In diesem Kontext gilt sicherlich, dass zunächst Investitionen nur zurückhaltend geplant werden. Diese derzeit geringe Investitionsbereitschaft bei konventionellen Kraftwerken ist jedoch nicht primär auf betriebswirtschaftliche Risikoscheu zurückzuführen sondern ist auch eine Folge politischer Markteingriffe. Verlässliche politische Rahmenbedingungen schlagen sich hier in erhöhter Investitionsbereitschaft nieder und reduzieren die Gefahr von Marktturbulenzen.

Bei der Bewertung von Investitionen wird von den Energieunternehmen zukünftig nicht nur buchhalterische Sorgfalt erwartet werden sondern auch eine fundierte Analyse des energiewirtschaftlichen Umfelds. Die Anwendung der Standardverfahren der Investitionsbewertung führt zu transparenten und konsistenten Bewertungsergebnissen. Allerdings hat Finanzkrise gezeigt, dass elegante theoretische Modelle kritisch dahingehend zu hinterfragen sind, ob sie die Realität angemessen abbilden. Daraus ergibt sich ein erheblicher Forschungsbedarf an der Schnittstelle von Theorie und Praxis, um Grenzen und Prämissen der etablierten Methoden besser zu verstehen und ggf. Alternativen aufzuzeigen.

Literaturverzeichnis

Awerbuch, S. (2003): Applying portfolio theory to EU electricity planning and policy-making. IEA/EET Working Paper EET/2003/03

BMU (2007): Eckpunkte für ein integriertes Energie- und Klimaprogramm. http://www.bmu.de/files/pdfs/allgemein/application/pdf/klimapaket_aug2007.pdf (Zugriff am 1.4.2011)

BMWi, BMU (2010): Energiekonzept für eine umweltschonende, zuverlässige und bezahlbare Energieversorgung. http://www.bmu.de/files/pdfs/allgemein/application/pdf/energiekonzept_bundesregierung.pdf (Zugriff am 1.4.2011)

Bradley, M., G. A. Jarrell, E. Han Kim (1984): On the Existence of an Optimal Capital Structure: Theory and Evidence. The Journal of Finance 39, S. 857-878.

Brealey, R. A. , S. C. Myers, F. Allen (2010): Principles of Corporate Finance - Global Edition W/connect plus. 10th ed. McGraw-Hill: New York

Copeland, T. E., J. F. Weston, K. Shastri (2003): Financial Theory and Corporate Policy. 4th ed. Addison-Wesley Longman: Amsterdam

ECF, McKinsey, KEMA, Imperial College, Oxford Economics (2010): Roadmap 2050 - a practical guide to a prosperous, low-carbon Europe. http://www.roadmap2050.eu/downloads (Zugriff am 1.4.2011)

Endres, A. (2007): Umweltökonomie. 3. Auflage. Kohlhammer: Stuttgart

Erdmann, G., L. Dittmar (2010): Technologische und energiepolitische Bewertung der Perspektiven von Kraft - Wärme - Kopplung in Deutschland.

http://www.ensys.tu-berlin.de/fileadmin/fg8/Downloads/Sonstiges/2010_KWK_Studie_FGEnsys_TUBerlin.pdf (Zugriff am 1.4.2011)

EWI, GWS, Prognos (2010): Energieszenarien für ein Energiekonzept der Bundesregierung.

http://www.bmu.de/files/pdfs/allgemein/application/pdf/energieszenarien_2010.pdf (Zugriff am 1.4.2011)

Fama, E., K. French (1992): The cross-section of expected stock returns. Journal of Finance 47, S. 427-465.

Feess, E. (2007): Umweltökonomie und Umweltpolitik. 3. Auflage. Vahlen: München

Fischer, C., R. Newell (2008): Environmental and Technology Policies for Climate Change Mitigation, Journal of Environmental Economics and Management 55. S. 142-162

Froot, K. A., D. S. Scharfstein, J. C. Stein (1993): Risk Management: Coordinating Corporate Investment and Financing Policies. Journal of Finance 48, S. 1629-58

Hayek, F. A. v. (1974): Die Anmaßung von Wissen. ORDO 26, S. 12-21

IPCC (2007): IPCC Fourth Assessment Report - Climate Change. IPCC: Genf

Jagannathan, R., E.R. McGratten (1995): The CAPM Debate. Quarterly Review of the Federal Reserve Bank of Minneapolis 19, S. 2-17.

Kruschwitz, L. (2008): Investitionsrechnung. 12. Auflage. Oldenbourg: München

Lintner, J. (1965): The valuation of risk assets and the selection of risky investments in stock portfolios and capital budgets. Review of Economics and Statistics 47, S. 13-37.

Markowitz, H. (1952): Portfolio Selection, Journal of Finance 7, S. 77-91

Mossin, J. (1966): Equilibrium in a capital asset market. Econometrica 34, S. 768-783.

Perridon, L., M. Steiner, A. W. Rathgeber (2009): Finanzwirtschaft der Unternehmung. 23. Auflage. Vahlen: München

PWC, PIK, IIASA, ECF (2010): 100% renewable electricity: A roadmap to 2050 for Europe and North Africa.

http://www.pwc.ch/user_content/editor/files/publ_energy/pwc_percent_renewable_ electricity.pdf (Zugriff am 1.4.2011)

Sharpe, W. (1964): Capital asset prices: a theory of market equilibrium under conditions of risk. Journal of Finance 33, S. 885-901.

Smith, C. W., R. M. Stulz (1985): The Determinants of Firms' Hedging Policies. Journal of Financial and Quantitative Analysis 20, S. 391-405

Weber, C. et al. (2011): Szenarien zur zukünftigen Stromversorgung. http://ewlblog.wordpress.com (Zugriff am 17.4.2011)

Weber, C., P. Himmes (2011): Optimal environmental policy design in the presence of uncertainty and technology spillovers. EWL Working Paper 02/2011

Inhaltliche und zeitliche Konsistenz des Ordnungsrahmens als Voraussetzung für Investitionen in der Energiewirtschaft (Jürgen Kühling*)

A. Vorbemerkungen

Die Energiewirtschaft steht vor erheblichen Investitionen. Am meisten beeindrucken insoweit naturgemäß die prognostizierten Investitionsbedürfnisse für die gesamte Europäische Union. So sind nach aktuellen Berechnungen der Kommission bis zum Jahr 2020 etwa eine Billion Euro in das europäische Energiesystem zu investieren[91]. Angesichts dieser enormen Investitionsherausforderungen stellt sich die Frage nach der Investitionssicherheit in der Energiewirtschaft als besonders drängend dar. Als Jurist richtet sich der Blick beim Stichwort der Investitionssicherheit zunächst auf die Frage der Rechtssicherheit, also der Konsistenz und Stabilität des Rechtsrahmens in *zeitlicher* Perspektive. So muss ein Ordnungsrahmen eine hinreichende Kontinuität in der Zeitschiene über die Amortisationsperiode hinweg gewährleisten, um für die regelmäßig sehr langfristig angelegten Investitionen[92] in der Energiewirtschaft eine hinreichende Stabilität zu erzeugen und damit die richtigen Investitionssignale zu setzen. Im Wettbewerb der verschiedenen Anlagemöglichkeiten wird langfristig das Kapital dort eingesetzt, wo ein zeitlich stabiler Rechtsrahmen eine auskömmliche Rendite ermöglicht. Jene rechtspoliti-

---

* Der Autor ist Inhaber des Lehrstuhls für Öffentliches Recht, Immobilienrecht, Infrastrukturrecht und Informationsrecht an der Universität Regensburg. Bei dem Beitrag handelt es sich um eine leicht ergänzte und aktualisierte sowie mit Fußnoten versehene Fassung des Kurzstatements. Teile des Beitrags sind zwischenzeitlich in modifizierter Fassung bereits publiziert, siehe *Kühling/Pisal*, ZNER 2011, S. 13 ff.

91 Siehe Kommissionsmitteilung vom 17.11.2010 - Energieinfrastruktur-prioritäten bis 2020 und danach - ein Konzept für ein integriertes europäisches Energienetz, KOM(2010) 677 endg., S. 9.

92 Vgl. dazu die von *Pohlig* in diesem Band dargelegten Investitionszeiträume auf der Erzeugungsebene differenziert nach den verschiedenen Erzeugungskategorien.

sche Forderung einer Rechtssicherheit gewinnt eine verfassungsrechtliche Qualität, wenn eine Verletzung des Grundsatzes des Vertrauensschutzes droht. Neben dieser Rechtssicherheit verstanden als eine Konsistenz in der Zeit muss der Rechtsrahmen aber auch eine *inhaltliche* Konsistenz gewährleisten. Dieses rechtspolitische Credo mutiert zu einem verfassungsrechtlichen, wenn der rechtsstaatliche Grundsatz der Widerspruchsfreiheit der Rechtsordnung oder der Grundsatz der Normenklarheit bzw. -bestimmtheit möglicherweise verletzt wird.

Vor diesem Hintergrund soll nach weiteren Hinweisen zum Investitionsbedarf in der Energiewirtschaft am Beispiel der Übertragungsnetze (B.) in einem zweiten Schritt exemplarisch eine kritische Analyse der neuen Investitionspflichten auf der Übertragungsnetzebene im Rahmen des Dritten Energiebinnenmarktpakets erfolgen und jene hoheitliche Regulierung auf ihre Konsistenz mit Blick auf die Themen „Genehmigungsverfahren" und „angemessene Investitionsanreize auf der Entgeltregulierungsebene" hin überprüft werden (C.). Damit wird das Problem der Konsistenz im zweiten genannten Sinne thematisiert. Auf diesem Gesichtspunkt liegt auch das Hauptaugenmerk des folgenden Beitrags. In einem dritten Schritt sollen sodann in der gebotenen Kürze die verfassungsrechtlichen Rahmenbedingungen der Rechtssicherheit – also der Konsistenz in zeitlicher Perspektive – skizziert werden und zwar anhand eines Beispiels auf der Erzeugerebene, nämlich den Auseinandersetzungen um den Ausstieg aus der Atomenergie als „Brückentechnologie" (D.). Abschließend kann ein knappes Fazit und ein Ausblick erfolgen (E.).

B. Investitionsbedarf in der Energiewirtschaft am Beispiel der Übertragungsnetze

Der eingangs erwähnte Investitionsaufwand bezieht sich sowohl auf die Erzeugungs- als auch auf die Übertragungsebene. Für die Erneuerung und den Ausbau der Energietransportnetze nimmt die Kommission innerhalb desselben Zeitraums bis zum Jahr 2020 einen Investitionsbedarf von 200 Mrd. Euro an und geht davon aus, dass nur etwa die Hälfte dieser Investitionen „vom Markt getragen“ werden könne[93]. Was nun die Situation in Deutschland anbelangt, ist für die im Folgenden (C.) fokussierten Übertragungsnetze zu konstatieren, dass die Investitionen seit dem Beginn der Diskussion um ein Drittes Energiebinnenmarktpaket nach eigenen Aussagen der Netzbetreiber signifikant zurückgegangen und schließlich beinahe vollständig zum Erliegen gekommen waren[94]. Die Unsicherheit über die neuen Entflechtungsvorgaben hat die vertikal integrierten Netzbetreiber offensichtlich veranlasst, nur noch die allernötigsten Wartungsarbeiten durchzuführen. Die betroffenen Unternehmen wollten sich anscheinend nicht der Gefahr aussetzen, umfangreiche Investitionen in die Wege zu leiten, von denen anschließend aufgrund einer Verpflichtung zur Veräußerung des Netzes gegebenenfalls dessen Erwerber profitieren würde. Hier konnte man plastisch die negativen Auswirkungen von Rechtsunsicherheit für die notwendigen Investitionen beobachten.

Dabei ist gerade vor dem Hintergrund der zunehmenden Erzeugung von Elektrizität aus erneuerbaren Energien und hier vor allem aus der Windkraft ein Ausbau der Übertragungskapazitäten insbesondere auf der Nord-Süd-Tangente dringend notwendig[95]. Windkraftanlagen in Offshore-Windparks und in Küstennähe weisen den Vorteil auf, dass dort eine verhältnismäßig gleich bleibende Energieerzeugung möglich ist. Der Ausbau entsprechender Anlagen führt jedoch dazu, dass die so

---

93 Vgl. den Hinweis in Fn. 91.

94 Siehe die Hinweise *Monopolkommission*, Sondergutachten Energie, Strom und Gas 2009: Energiemärkte im Spannungsfeld von Politik und Wettbewerb, S. 162; Kleine Anfrage der Fraktion Bündnis 90/Die Grünen, BT-Drucks. 17/1634 vom 6. Mai 2010, S. 3.

95 So schon *Säcker*, RdE 2009, S. 305 und *ders.*, Der beschleunigte Ausbau der Höchstspannungsnetze als Rechtsproblem, 2009, S. 73 ff.; siehe auch *P. Focht*, in: Energie & Management vom 1. September 2010, S. 3; ca. 20 Milliarden Euro sind hierfür in den Netzausbau zu investieren. Hinzu kommen bereits jetzt drohende kurzfristige Engpässe auf der Nord-Süd-Trasse aufgrund der Abschaltung von fünf in Süddeutschland belegenen AKWs, vgl. hierzu den Beitrag im Europe-Online Magazine vom 20.3.2011 (abrufbar im WWW unter der URL http://www.europeonline-magazine.eu/ein-stresstest-fuer-die-stromnetze_117500.html).

erzeugte Elektrizität erst über weite Strecken zum Ort des Verbrauchs transportiert werden muss. Dies erfordert wiederum zwangsläufig einen erhöhten Bedarf an Übertragungskapazitäten von den Erzeugungs- in die Verbrauchsregionen. Auch die voranschreitende Abkehr von emissionsintensiven Kohlekraftwerken und deren Substitution durch Gas- und Ölkraftwerke erfordert zusätzliche Übertragungskapazitäten. Diese Kraftwerke werden überwiegend in Hafennähe, also in Nord- und Nordostdeutschland errichtet, weil dort die entsprechenden Häfen liegen, in denen die zum Kraftwerksbetrieb benötigten Primärbrennstoffe eingeschifft werden können. Auch hier werden zusätzliche Übertragungskapazitäten für den Transport der Elektrizität in Richtung Süden benötigt[96].

Die Dena-I-Netzstudie ging im Jahr 2005 von einem Ausbaubedarf im Höchstspannungsnetz an Land von 850 km bis zum Jahr 2015 aus. Der Anteil an zu erneuernden Trassen ist hierbei noch nicht berücksichtigt[97]. Bislang sind davon laut Dena-II-Netzstudie nur 90 km realisiert. Für die Anbindung der Offshore-Windparks sind laut jener zweiten Studie bis zum Jahr 2020 Seekabel mit einer Länge von 1.550 km nötig, für die jährliche Kosten in Höhe von 340 Mio. Euro anfallen. Zusätzlich bestehe bis zum Jahr 2020 ein Trassenzubaubedarf im Übertragungsnetz von mindestens 1.700 km, wobei in diesem Szenario weitere 5.700 km an Übertragungstrassen umzurüsten wären[98]. Bundeswirtschaftsminister Brü-

---

96 So schon *Säcker*, RdE 2009, S. 305 und *ders.*, Der beschleunigte Ausbau der Höchstspannungsnetze als Rechtsproblem, 2009, S. 73 ff.

97 Zusammenfassung der wesentlichen Ergebnisse der Studie Energiewirtschaftliche Planung für die Netzintegration von Windenergie in Deutschland an Land und Offshore bis zum Jahr 2020, S. 7 ff. (abrufbar im WWW unter der URL http://www.dena.de/de/themen/thema-esd/publikationen/publikation/netzstudie/).

98 Siehe hierzu insgesamt Dena-II-Netzstudie – Integration erneuerbarer Energien in die deutsche Stromversorgung im Zeitraum 2015-2020 mit Ausblick 2025 – Zusammenfassung der wesentlichen Ergebnisse der Projektsteuerungsgruppe (abrufbar im WWW unter der URL http://www.dena.de/fileadmin/user_upload/Download/Dokumente/Studien___Umfragen/Ergebniszusammenfassung_pdf-Format.pdf).

derle sprach anlässlich einer Bundestagsdebatte am 24. März 2011 von einem Stromleitungszubaubedarf in Höhe von 3.600 km[99]. Die Möglichkeit einer schnellen Realisierung der notwendigen Investitionen soll durch ein Netzausbaubeschleunigungsgesetz ermöglicht werden[100].

C. Inhaltliche Konsistenz am Beispiel der Neuregelung der Investitionspflichten für Übertragungsnetzbetreiber durch das Dritte Energiebinnenmarktpaket

I. Verfassungsrechtliche Anforderungen an die inhaltliche Konsistenz: rechtsstaatliche Gebote der Bestimmtheit, Klarheit und Widerspruchsfreiheit der Rechtsordnung

Was die inhaltliche Konsistenz anbelangt, ist zunächst zu betonen, dass es sich insoweit primär um eine rechtspolitische Anforderung handelt. Eine verfassungsrechtliche Dimension wird erst erreicht, wenn eine Verletzung des Grundsatzes der Widerspruchsfreiheit der Rechtsordnung zu befürchten ist oder die Regelungen inhaltlich derart unbestimmt und unklar werden, dass sie rechtsstaatliche Prinzipien zu verletzen drohen. Allerdings ist die Rechtsprechung des Bundesverfassungsgerichts zum Grundsatz der Widerspruchsfreiheit der Rechtsordnung, der aus dem Rechtsstaatsgebot des Art. 20 Abs. 3 GG abgeleitet wird, bislang nicht sehr umfassend entfaltet worden. So hat das Gericht jenen Grundsatz zwar mit einiger Deutlichkeit in einem Fall einer widersprüchlichen umweltrechtlichen Regelung begründet. In der Sache ging es um eine Verpackungssteuer, die auf kommunaler Ebene die Vermeidung der Verwendung von Einweggeschirr bewirken sollte, was in Kollision mit dem im Bundesabfallrecht normierten kooperativen Ansatz geriet[101].

---

99 Informationen abrufbar im WWW unter der URL http://www.bundestag.de/dokumente/textarchiv/2011/33832244_kw12_de_energie/.

100 Siehe hierzu das Eckpunktepapier des BMWi vom 21.3.2011 (abrufbar im WWW unter der URL http://bmwi.de/BMWi/Navigation/Presse/pressemitteilungen,did=383716.html).

101 BVerfGE 98, 106; am selben Tag entschied das Bundesverfassungsgericht entsprechend zu widersprüchlichen Regelungen von Abfallabgaben in Landesgesetzen, BVerfGE 98, 83; die Urteile stießen nicht nur, was die

Diese Widersprüchlichkeit der Vorgaben sah das Bundesverfassungsgericht als verfassungswidrig an und verwarf die entsprechende kommunale Regelung. In der Folge ist es aber wohl auch aufgrund der scharfen Kritik an den Entscheidungen zu keiner weiteren Entfaltung dieser Rechtsprechung gekommen. Schon vor diesem Hintergrund, aber nicht zuletzt auch wegen des gerade in Fragen der Wirtschaftsregulierung regelmäßig weit reichenden legislativen Einschätzungsspielraums[102] darf die Hürde für die Annahme eines Verstoßes daher nicht zu niedrig angesetzt werden[103].

Ähnliches gilt mit Blick auf die weiteren rechtsstaatlichen Anforderungen aus den Geboten der Klarheit und Bestimmtheit der Normen. Zwar betrifft die hier zentrale Entscheidung zur Bestimmtheit von Normen einen Fall von wirtschaftlichem Belang. So ging es im berühmten *„Kleingarten"*-Beschluss des Bundesverfassungsgerichts vom 12. Juni 1979[104] um den im Kleingartenrecht angeordneten Vorbehalt einer behördlichen Genehmigung für die Kündigung von Kleingartenpachtverträgen. Die zuständige Behörde musste dabei prüfen, ob der Kündigung „öffentliche Belange" entgegenstünden. Die Verwendung dieses unbestimmten Rechtsbegriffs sah das Bundesverfassungsgericht als rechtsstaatswidrig an, da er nicht hinreichend deutlich zu erkennen gibt, welche – teils widerstreitenden – öffentlichen Belange im Einzelnen zu berücksichtigen sind. Damit bestätigte das Gericht seine Rechtsprechung, dass aus dem Rechtsstaatsprinzip folge, „dass grundrechtsrelevante Vorschriften in ihren Voraussetzungen und ihrem Inhalt so klar formuliert sein müssen,

---

umweltrechtliche Interpretation anbelangt, sondern auch mit Blick auf die Entfaltung des Gebots der Widerspruchsfreiheit der Rechtsordnung auf teils scharfe Kritik, exemplarisch *Sendler*, NJW 1998, 2875 („Reise nach Absurdistan").

102 BVerfGE 53, 257, 293; BVerfGE 77, 84, 106; später BVerfG, Beschluss v. 26.3.2007, Az. 1 BvR 2228/02, Ziff. 42 m.w.N. aus der jüngeren Rechtsprechung, zitiert nach juris.

103 Treffend bereits früh *Paul Kirchhof*: „Gesetzliche Ungereimtheiten verraten mangelnde Beherrschung der Gesetzgebungskunst, begründen aber noch keinen Verstoß gegen das Verfassungsrecht", in: Isensee/ders. (Hrsg), Handbuch des Staatsrechts, Band V, 1992, § 124 Rdnrn. 231 f.

104 BVerfGE 52, 1.

dass die Rechtslage für den Betroffenen erkennbar ist und er sein Verhalten danach einrichten kann"[105]. Aber in der weiteren Rechtsprechung des Bundesverfassungs-gerichts ist eine strenge Prüfung weniger in wirtschaftsrechtlich relevanten Kontexten, sondern vielmehr in persönlichkeitsrechtlichen Fallkonstellationen und insbesondere in Bezug auf das Recht auf informationelle Selbstbestimmung aus Art. 2 Abs. 1 i.V.m. Art. 1 Abs. 1 GG entwickelt worden[106].

Vor diesem Hintergrund soll in einem zweiten Schritt die im vorliegenden Zusammenhang besonders wichtige Neuregelung der Netzausbaupflichten durch das Dritte Energiebinnenmarktpaket auf ihre inhaltliche Konsistenz mit dem übrigen energierechtlichen Rahmen vor allem in rechtspolitischer und nicht in verfassungsrechtlicher Hinsicht geprüft werden.

II. Differenzierung nach Entflechtungsmodell im Dritten Energiebinnenmarktpaket

Das Dritte Energiebinnenmarktpaket enthält erstmals auf europäischer Ebene konkrete Vorgaben im Hinblick auf den Ausbau der bestehenden Übertragungsinfrastrukturen. Dabei verfolgt der europäische Gesetzgeber einen Ansatz, der nach der Art des gewählten Entflechtungsmodells differenziert. Entscheiden sich die bislang vertikal integrierten Energieversorgungsunternehmen für eine eigentumsrechtliche Entflechtung, so sind keine über die bisherigen Vorgaben hinausgehenden Maßnahmen bezüglich des Netzausbaus und der Netzwartung umzusetzen. Dasselbe gilt im ISO[107]-Modell. Lediglich im Rahmen des ITO[108]-Modells ist nach der Konzeption des Richtliniengesetzgebers aufgrund der Zugehörigkeit des Netzbetreibers zu einem vertikal integrierten Unternehmensverbund nicht sichergestellt, dass der ITO die Investitionsentscheidungen aus-

105 Vgl. dazu schon BVerfGE 21, 73, 79.

106 Siehe dazu *Kühling/Seidel/Sivridis*, Datenschutzrecht, 2. Aufl. 2011, S. 55 f. m.w.N. aus der Rspr.

107 Independent System Operator = unabhängiger Netzbetreiber, Art. 13 Richtlinie 2009/72/EG.

108 Independent Transmission Operator = unabhängiger Übertragungsnetzbetreiber, Art. 17 ff. Richtlinie 2009/72/EG.

schließlich an seinen eigenen Interessen ausrichten wird. Vielmehr bleibt zu befürchten, dass auch die Interessen der übrigen konzernzugehörigen Unternehmen, insbesondere aus den Bereichen Erzeugung/Gewinnung und Lieferung/Versorgung, Berücksichtigung finden werden[109]. Dies gilt nach Ansicht des europäischen Gesetzgebers trotz des Umstands, dass umfangreiche operationelle Entflechtungsvorgaben dazu führen sollen, die Unabhängigkeit des Netzbetreibers von den übrigen Teilen des vertikal integrierten Unternehmens weiter zu erhöhen[110]. Art. 22 der Richtlinien 2009/72/EG und 2009/73/EG verpflichtet hier den ITO, der Regulierungsbehörde jährlich einen zehnjährigen Netzentwicklungsplan vorzulegen.

III. Inhalt, Verfahren, Durchsetzung

Zweck dieses Entwicklungsplanes ist es, den vorhandenen Ausbaubedarf zu ermitteln, den Marktteilnehmern Angaben darüber zu liefern, welche wichtigen Übertragungsinfrastrukturen in den nächsten zehn Jahren errichtet oder ausgebaut werden müssen, alle bereits beschlossenen Investitionen aufzulisten sowie die neuen Investitionen zu bestimmen, die in den nächsten drei Jahren durchgeführt werden müssen und einen Zeitplan für die Investitionsprojekte vorzugeben. Im Rahmen der Erstellung des zehnjährigen Netzentwicklungsplans hat der ITO zunächst alle einschlägigen Interessenträger zu konsultieren. Im Anschluss hat er der zuständigen Regulierungsbehörde einen Entwicklungsplan vorzulegen. Nun hat die zuständige Regulierungsbehörde ihrerseits ein Konsultationsverfahren durchzuführen, in das alle aktuellen und potenziellen Netznutzer[111] einzubeziehen sind. Die Konsultation dient der Überprüfung des vom ITO ermittelten Investitionsbedarfs. Aufgrund des Ergebnisses des Konsultations-verfahrens überprüft die Regulie-

---

109 Dahingehend wohl auch Commission Staff Working Paper, Interpretative Note on Directive 2009/72/EG concerning common rules for the Internal Market in Electricity and Directive 2009/73/EG concerning common rules for the Internal Market in Natural Gas, The Unbundling Regime, 22. January 2010, S. 20.

110 Vgl. dazu *Kühling/Pisal,* RdE 2010, S. 161, 165 f.

111 Bei „bloß" potenziellen Netznutzern kann die Regulierungsbehörde geeignete Nachweise verlangen.

rungsbehörde, ob der vom ITO erstellte und vorgelegte zehnjährige Netzentwicklungsplan den gesamten ermittelten Investitionsbedarf abdeckt und ob die Kohärenz mit dem nicht bindenden zehnjährigen gemeinschaftsweiten Netzentwicklungs-plan gewahrt ist. Bestehen Zweifel an der Kohärenz mit dem gemeinschaftsweit geltenden Entwicklungsplan, so konsultiert die zuständige Regulierungsbehörde ACER.

Gegebenenfalls kann die Regulierungsbehörde von dem Übertragungsnetzbetreiber die Änderung des zehnjährigen Netzentwicklungsplanes verlangen. Fraglich ist hierbei jedoch, ob die nationale Regulierungsbehörde eigenmächtig einen weiteren Investitionsbedarf, der über den im Rahmen der Konsultation ermittelten Investitionsbedarf hinausgeht, feststellen darf. Dagegen sprechen zunächst der Wortlaut von Art. 22 Abs. 4 und Abs. 5 S. 1 Richtlinie 2009/72/EG. Nach Art. 22 Abs. 5 S. 1 Richtlinie 2009/72/EG prüft die nationale Regulierungsbehörde lediglich, ob der zehnjährige Netzentwicklungsplan den gesamten im Laufe der Konsultation ermittelten Investitionsbedarf abdeckt. Bei der Konsultation sind nach Art. 22 Abs. 4 Richtlinie 2009/72/EG jedoch nur die aktuellen und potenziellen Netznutzer einzubeziehen. Ein Hinweis auf eine etwaige Berücksichtigungsfähigkeit eines über die Angaben der Netznutzer hinausgehenden, von der Regulierungsbehörde selbst ermittelten Investitionsbedarfs findet sich nicht. In diese Richtung weisen auch teleologische Überlegungen. Dass Art. 22 Abs. 4 Richtlinie 2009/72/EG als Teilnehmer der Konsultation ausschließlich die Netznutzer zulässt, beruht auf dem Gedanken, dass diese am ehesten in der Lage sind, einen etwaigen Investitionsbedarf zu identifizieren. Dem kann nicht entgegengehalten werden, dass in Fällen, in denen die verbundenen Wettbewerbsbereiche der einzige Netznutzer seien, der Investitionsbedarf nicht ermittelt werden könne. Art 22 Abs. 4 Richtlinie 2009/72/EG ordnet gerade auch die gleichberechtigte Einbeziehung *potentieller* Netznutzer in die Konsultation an[112].

112 Siehe hierzu *Pisal*, Separierungsoptionen in der Energiewirtschaft jenseits der gesellschaftsrechtlich-operationellen Entflechtung, S. 304 (2011, im Erscheinen); anders offenbar das Bundeswirtschaftsministerium im Referentenentwurf eines Gesetzes zur Änderung des Energiewirtschaftsgesetzes vom 10.2.2011, S. 34 f.

Leitet der ITO die Umsetzung der in dem zehnjährigen Netzentwicklungsplan vorgesehenen Investitionen nicht rechtzeitig ein, so ist die Regulierungsbehörde verpflichtet, für eine Umsetzung zu sorgen. Dies kann sie nach Art. 22 Abs. 7 Richtlinie 2009/72/EG auf verschiedene Weise tun. Sie kann den ITO erstens dazu auffordern, die entsprechenden Investitionen, wie sie im Netzentwicklungsplan vorgesehen sind, umzusetzen. Zeigt eine solche Aufforderung keine Wirkung, so kann die Regulierungsbehörde zweitens ein Ausschreibungsverfahren zur Vornahme der entsprechenden Investitionen durchführen, das allen Investoren offen stehen muss. Macht die Regulierungsbehörde von dieser Befugnis Gebrauch, so kann sie den ITO verpflichten, die Finanzierung und/oder Errichtung durch Dritte zu akzeptieren und die so errichteten Infrastrukturen selbst zu betreiben. Dabei hat der ITO den Investoren alle für die Durchführung der Investition erforderlichen Unterlagen zur Verfügung zu stellen und den Anschluss der neuen Anlagen an das Übertragungsnetz herzustellen. Als dritte Handlungsoption kann die Regulierungsbehörde den ITO verpflichten, einer Kapitalerhöhung im Hinblick auf die Finanzierung der notwendigen Investitionen zuzustimmen und unabhängigen Investoren eine Kapitalbeteiligung zu ermöglichen. Dies stellt sich jedoch nicht als echte Alternative dar, sondern betrifft nur den Sonderfall, dass der ITO die vorgesehene Investition aufgrund einer fehlenden Kapitalausstattung nicht durchführen kann. Eine solche Situation dürfte aufgrund der Finanzierungspflicht aus Art. 17 Abs. 1 lit. d Richtlinie 2009/72/EG aber eigentlich überhaupt nicht auftreten. Es liegt auf der Hand, dass derartige „zwangsweise" Mechanismen erheblichen rechtlichen Konfliktstoff mit sich bringen.

IV. Bewertung - inhaltliche Konsistenz?

Aber wie sind diese neuen Regelungen unter Konsistenzgesichtpunkten zu bewerten?

1. Konsistenz der Regelung in sich

So kann zunächst mit Blick auf die Konsistenz der Regelung in sich eine besondere Behandlung des ITO-Modells nicht überzeugen. So beseitigt die eigentumsrechtliche Entflechtung lediglich das Risiko einer diskriminierenden Netzbewirtschaftung, nicht aber die Anreize für den Netzbetreiber, durch eine künstliche Verknappung der Kapazitäten Zusatzrenditen zu erzielen. Ebenso wenig vermeidet die eigentumsrechtliche Entflechtung, dass Investitionen aus Sorge um eine unangemessene entgeltregulatorische Berücksichtigung unterbleiben oder dass der Bedarf schlicht falsch eingeschätzt wird. Die Pflicht zur Ermittlung des Ausbaubedarfs sollte daher entflechtungsmodell-übergreifend festgelegt werden. Nach den Plänen des Bundeswirtschaftsministeriums soll dieser sinnvolle Weg offensichtlich auch beschritten werden[113]. Darüber hinaus ist geplant, die Übertragungsnetzbetreiber nicht nur für ihr eigenes Netz eine Zehnjahresplanung durchführen zu lassen, sondern außerdem vorzuschreiben, dass diese einen gemeinsamen, nationalen Netzentwicklungsplan zu erarbeiten haben. Dies ist vor dem Hintergrund, dass in Deutschland nicht ein einziger, sondern vier Netzbetreiber vorhanden sind, zu begrüßen. Damit wird den Besonderheiten der deutschen Netzorganisation Rechnung getragen und eine unkoordinierte Planung vermieden. Inkonsistenzen auf europäischer Ebene werden damit auf nationaler Ebene „ausgebügelt".

2. Konsistente Berücksichtigung bei der Entgeltregulierung

Neben die Netzzugangs-, Netzentgelt- und Entflechtungsregulierung tritt im Rahmen der europäischen Vorgaben damit als vierte Regulierungsvariante eine Investitionsregulierung. Das ist in gewisser Weise die logische Konsequenz des Übergangs zur Anreizregulierung. Denn während bei einer Cost-Plus-Regulierung eine größere Gefahr von Ineffizienzen besteht, tritt bei einer Anreizregulierung die Gefahr einer Unterinvestition in den Vordergrund.

Unter dem Blickwinkel einer Konsistenzbetrachtung ist die Frage der angemessenen entgeltregulatorischen Berücksichtigung der Investitionspflichten relevant. Mit dem Übergang zur Anreizregulierung wurde ein

113 So finden sich entflechtungsmodellunabhängige Verpflichtungen zur Erstellung von Netzentwicklungsplänen in den §§ 12a und 15a des Referentenentwurfs eines Gesetzes zur Änderung des Energiewirtschaftsgesetzes vom 10.2.2011, S. 34 ff., 39 ff., 125 und 131.

System von Regulierungsperioden geschaffen, während denen eine Anpassung der Erlösobergrenzen[114] nur in Ausnahmefällen, z.B. bei der Erhöhung von dauerhaft nicht beeinflussbaren Kostenanteilen in Betracht kommt. Dazu zählen die genehmigten Investitionsbudgets nach § 23 ARegV. Diese kann der ITO für die Kapitalkosten von Erweiterungs- und Umstrukturierungsinvestitionen beantragen, wenn sie für die Einbindung ins Verbundnetz oder den bedarfsgerechten Ausbau des Netzes notwendig sind[115]. Nicht berücksichtigungsfähig sind im Rahmen von Investitionsbudgets hingegen die Kapitalkosten für Ersatzinvestitionen[116]. Diese sind erst nach Ende einer Regulierungs-periode bei der Bestimmung der Erlösobergrenzen für die folgende Regulierungsperiode anzusetzen. Um ein „Overinvestment" einerseits und ein „Underinvestment" andererseits zu vermeiden, bedarf es einer folgerichtigen, kongruenten Netzentgeltgenehmigungspraxis in Übereinstimmung mit den zehnjährigen Netzentwicklungsplänen. Die Bundesregierung plant im Lichte des ermittelten Ausbaubedarfs eine Überarbeitung des Regulierungsrahmens unter besonderer Berück-sichtigung von dessen Auswirkungen auf die Netzentgelte[117]. Hier steht zu erwarten, dass sie die Anerkennungsfähigkeit von Netzausbaukosten im Rahmen der Entgeltgenehmigung verbindlicher gestaltet wird, insbesondere soweit der Netzausbau in Übereinstimmung mit den netzbetreiberübergreifenden zehnjährigen Netzentwicklungsplänen erfolgt. Letzteres entspricht den zwingenden rechtlichen Vorgaben in Art. 22 Abs. 8 Richtlinie 2009/72/EG.

---

114 Zu diesem Mechanismus im Überblick *Koenig/Kühling/Rasbach*, Energierecht, 2. Aufl. 2008, S. 127 ff.

115 Ein bedarfsgerechter Netzausbau liegt auch dann vor, wenn die unterirdische Kabelverlegung gegenüber einem konventionellen Netzausbau vertretbare Mehrkosten verursacht, § 23 Abs. 1 Nr. 6 ARegV, vgl. *Säcker*, Der beschleunigte Ausbau der Höchstspannungsnetze als Rechtsproblem, 2009, S. 177 und *Rufin*, ZUR 2009, S. 66, 71.

116 Leitfaden zu Inhalt und Struktur von Anträgen auf Genehmigung von Investitionsbudgets nach § 23 Abs. 3 ARegV im Bereich Elektrizität, Ziff. 3.1 (abrufbar im WWW unter der URL http://www.bundesnetzagentur.de/media/archive/16276.pdf).

117 Energiekonzept der Bundesregierung vom 7.9.2010 – Neun Punkte für eine umweltschonende, zuverlässige und bezahlbare Energieversorgung, S. 22.

Unabhängig von den europa-rechtlichen Vorgaben ist die Initiative der Bundesregulierung zu begrüßen und es kann davon ausgegangen werden, dass sie für die konsistente Berücksichtigung der Investitionspflicht im Rahmen der Entgeltregulierung sorgen wird.

3. Konsistente Regelung der Genehmigungsverfahren

Eine weitere Frage der Konsistenz des Ordnungsrahmens in Bezug auf die Investitionspflichten ist die Regelung effizienter Genehmigungsverfahren. Verlässliche, vorhersehbare und zügige Verfahren sind hier für den Ausbau der Übertragungsnetze von entscheidender Bedeutung, um so die entsprechenden Investitionen überhaupt durchzuführen. Die korrespondierende rechtliche Regelung ist damit die konsistente Folge der regulatorischen Investitionspflichten[118]. Da sich der Bau einer Energieleitung regelmäßig über große Entfernungen erstreckt und zahlreiche Behörden sowie Privatpersonen in ihren Interessen betroffen sein können, ist für die Errichtung, den Betrieb sowie die Änderung von Hochspannungsfreileitungen mit einer Nennspannung von 110 KV oder mehr ein Planfeststellungsverfahren nach den §§ 72 ff. VwVfG durchzuführen. Die Vorschriften über das Planfeststellungsverfahren werden hierbei durch die §§ 43 ff. EnWG 2005 modifiziert, um das Verfahren abzukürzen.

Dabei kommt dem Planfeststellungsverfahren eine verfahrensrechtliche Konzentrationswirkung zu. Materiell-rechtlich müssen gleichwohl alle in den einschlägigen Fachgesetzen aufgestellten Anforderungen eingehalten werden. Beim Energieleitungsbau kommt der Planrechtfertigung[119], also der Erforderlichkeit der Durchführung des Vorhabens aus fachplanerischer Sicht, besondere und vor allem eigenständige Bedeutung zu. Denn bislang fehlte es an einer vorausgehenden Bedarfsplanung - anders als beispielsweise beim Fernstraßenbau.

---

118 Vgl. dazu schon *Weyer*, ZNER 2009, S. 210, 214.

119 Die Planrechtfertigung ist ungeschriebene Voraussetzung jeglicher Fachplanung und wird unmittelbar aus dem Verhältnismäßigkeitsgrundsatz abgeleitet, siehe BVerwGE 48, S. 56, 59 f. und *Hermes/Pöcker*, RdE 2002, S. 85, 87 f. sowie *Kohls*, in: Danner/Theonald (Hrsg.), Energierecht, XIII. Baurecht, Rn. 152, 65. EL 2010.

Eine flächendeckende Bedarfsplanung ist derzeit zwar noch nicht vorhanden. Der Gesetzgeber hat mit dem EnLAG jedoch für Vorhaben im Sinne des § 43 Abs. 1 EnWG mit einer Nennspannung von 380 KV oder mehr, die der Anpassung, Entwicklung und dem Ausbau der Übertragungsnetze zur Einbindung von Elektrizität aus erneuerbaren Energiequellen, zur Interoperabilität der Elektrizitätsnetze innerhalb der Europäischen Union, zum Anschluss neuer Kraftwerke oder zur Vermeidung struktureller Engpässe im Übertragungsnetz dienen, einen Bedarfsplan geschaffen. Die Aufnahme eines Projektes in diesen Bedarfsplan bewirkt nach § 1 Abs. 2 S. 2 EnLAG die verbindliche Feststellung sowohl der energiewirtschaftlichen Notwendigkeit als auch des vordringlichen Bedarfs für die Zwecke des Planfeststellungsverfahrens. Für eine Planrechtfertigungsprüfung bleibt daher kein Raum mehr. Die Bundesregierung plant, weitere Trassen in den Bedarfsplan des EnLAG aufzunehmen, so z.B. Nord-Süd-Trassen zur Einbindung der Offshore Windenergie[120]. Das ist zu begrüßen und führt das investitions-erleichternde Planungsrecht als konsistente Flankierung im Zeitalter von Investitionspflichten konsequent fort.

D. Zeitliche Konsistenz (Rechtssicherheit) am Beispiel des Ausstiegs aus der Atomenergie

Zeichnet sich also mit Blick auf die Investitionsregulierung insgesamt ein inhaltlich konsistenter Ordnungsrahmen in Deutschland ab, stellt sich als zweite Frage die nach der Gewährleistung der Rechtssicherheit, also der Konsistenz in zeitlicher Perspektive. Insoweit sei zunächst kurz der verfassungsrechtliche Rahmen in Erinnerung gerufen. Einschlägig ist hier im nationalen Recht die Judikatur des Bundesverfassungsgerichts zum Grundsatz des Vertrauensschutzes als Ausfluss des Rechtsstaatsprinzips (und der entsprechenden Grundrechtspositionen). Diese Rechtsprechung ist bislang eher in der Diskussion um *mögliche* Rahmen*änderungen* denn als harter Prüfstein für tatsächlich erfolgte Regelungen im Rahmen von Gerichtsverfahren von Bedeutung gewesen. Zuletzt ist die

---

120 Energiekonzept der Bundesregierung vom 7.9.2010 - Neun Punkte für eine umweltschonende, zuverlässige und bezahlbare Energieversorgung, S. 22.

Debatte sowohl in Bezug auf die Verlängerung der AKW-Laufzeiten selbst (seitens der Stadtwerke und angesichts der von diesen getätigten Investitionen) als auch mit Blick auf die zeitgleich eingeführte Brennelementesteuer[121] (hier durch die betroffenen AKW-Betreiber) geführt worden.

Insoweit stellt sich jeweils die schwierige Frage, ob überhaupt eine Rückwirkung vorliegt, und wenn ja, ob eine echte (retroaktive) oder unechte (retrospektive) Rückwirkung gegeben ist. Die höchsten Rechtfertigungsanforderungen sind dabei an eine echte Rückwirkung zu stellen. Diese liegt vor, wenn der Gesetzgeber nachträglich in ein Geschehen eingreift, das nicht nur in der Vergangenheit begonnen, sondern auch schon abgeschlossen wurde, so dass entsprechende Rechtsfolgen bereits vor der Verkündung des Gesetzes eingetreten sind[122]. Eine belastende, echte Rückwirkung ist nur in eng begrenzten Ausnahmefällen zulässig. Das ist der Fall, wenn es sich um lediglich geringfügige Eingriffe handelt[123], mit der Regelung zu rechnen war und deshalb kein schutzwürdiges Vertrauen vorliegt[124] oder wenn die bisherige Rechtslage „unklar und verworren" war bzw. Systemwidrigkeiten korrigiert bzw. Gesetzeslücken geschlossen werden[125]. Ob sonstige zwingende Allgemeinwohlerwägungen ausnahmsweise rückwirkend belastende Gesetze rechtfertigen können, ist eher fraglich[126]. Eine unechte Rückwirkung liegt vor, wenn die gesetzliche Regelung nachträglich in Tatbestände eingreift, die zwar in der Vergangenheit begonnen, aber noch nicht abgeschlossen wurden, und die Rechtsfolgen erst nach Verkündung des Gesetzes eintreten. Eine solche unechte Rückwirkung ist unter weniger strengen Voraussetzungen zulässig. So müssen die Allgemeinwohlgründe die Vertrauensschutzinteressen überwiegen[127]. Der Vertrauensschutz kann da-

---

121 Vgl. dazu auch die Ausführungen von *Wolfers* in diesem Band.

122 Statt vieler hierzu und zum Folgenden *Degenhart*, Staatsrecht I. Staatsorganisationsrecht, 25. Aufl. 2009, Rn. 375 ff.

123 BVerfGE 30, 367, 389; 72, 200, 258 f.

124 Vgl. BVerfGE 37, 363, 397 f.; 45, 142, 173 f.

125 BVerfGE 7, 129, 151 ff.; 72, 200, 260 ff.

126 Vgl. BVerfGE 13, 261, 272.

127 Vgl. BVerfGE 72, 200, 242.

bei im Übrigen durch entsprechende Übergangsvorschriften gewährleistet werden. Ein besonderer Vertrauensschutz kann schließlich auch jenseits des Rückwirkungsverbots bestehen, obgleich die Rechtsprechung insoweit zurückhaltend ist[128].

Die Grenze zwischen den Stufen der echten und unechten Rückwirkung und der sonstigen Vertrauensschutztatbestände ist im Einzelfall schwierig zu ziehen. Beim Ausstieg aus der Atomenergie 2002 handelte es sich wohl um einen Fall der unechten Rückwirkung[129]. Denn die Befristung einer ursprünglich unbefristeten Genehmigung griff in einen vor der Regelung in Gang gesetzten aber noch nicht abgeschlossenen Vorgang ein. Ein entsprechender Vertrauensschutz wurde hier nicht zuletzt angesichts der massiven Förderung der Atomenergie geschaffen, auch wenn diese Förderung den eigentumsrechtlichen Schutz gerade relativiert[130]. Die damalige Regelung dürfte dabei nicht zuletzt deshalb verhältnismäßig gewesen sein, weil es um den Ausstieg aus einer Risikotechnologie ging, verfassungsrechtlich gesprochen also mit dem Leben und der Gesundheit der Bevölkerung ranghohe nach Art. 2 Abs. 2 S. GG geschützte Verfassungsgüter betroffen waren[131], und zugleich mit der Restlaufzeitregelung eine vertretbare Übergangsregelung geschaffen wurde, die zudem „konsensual" ausgehandelt worden war[132]. Wie verhält es sich nun mit der nicht von der Hand zu weisenden Kritik der Stadtwerke an dem begrenzten „Ausstieg aus dem Ausstieg"? Schließlich haben diese im Vertrauen auf den beschlossenen zeitlichen Rahmen des Ausstiegs in alternative Erzeugungskapazitäten investiert. Wie schon im Fall der ursprünglichen Ausstiegsregelung ist das Vorliegen einer *unechten* Rück-

---

128 Vgl. dazu erneut *Degenhart*, Staatsrecht I. Staatsorganisationsrecht, 25. Aufl. 2009, Rn. 385 ff.; *Wernsmann*, Grundfälle zur verfassungsrechtlichen Zulässigkeit rückwirkender Gesetze, JuS 1999, S. 1177 f.

129 So zuletzt auch *Papier*, Veranlassung und Verantwortung aus verfassungsrechtlicher Sicht, in: Löwer (Hrsg.), Bonner Gespräch zum Energierecht 5, 2011 (im Erscheinen), III.1.c.aa.

130 Dazu demnächst *Kühling*, Die Bedeutung der Eigentumsgarantie aus Art. 14 GG für die Regulierung der Energieordnung (in Vorbereitung).

131 So auch die damalige Gesetzesbegründung BT-Drs. 14/6890, S. 1.

132 Zu diesen Gesichtspunkten überzeugend bereits *Papier* (Fn. 129), III.1.c.bb.

wirkung anzunehmen, da der Vorgang noch nicht abgeschlossen ist. Auch hier dürfte im Übrigen keine *verfassungswidrige* unechte Rückwirkung vorliegen. Dafür sorgen gerade die den AKW-Betreibern auferlegten kompensatorischen Verpflichtungen im Rahmen des Förderfondsvertrags und wohl auch der Kernbrennstoffsteuer[133], zumal eine Modifikation der Regelungen der „rot-grünen" Regierung im Fall eines Regierungswechsels auf „schwarz-gelb" angekündigt und daher zu erwarten war. Der Vertrauensschutz wird dadurch geschmälert. Vielleicht hätte es noch bessere Ausgleichsmechanismen gegeben, wie beispielsweise eine Verlängerung der AKW-Laufzeiten nur unter Maßgabe der Abgabe konventioneller Produktionskapazitäten durch die AKW-Betreiber. Insoweit darf man allerdings die legislative Einschätzungsprärogative nicht allzu eng ziehen. Die erwähnten Kompensationsmechanismen, die hinsichtlich des Förderfondsvertrags konsensual beschlossen wurden, engen unter dem Gesichtspunkt des Vertrauensschutzes allerdings die Flexibilität der nachfolgenden Gesetzgeber wiederum ein. Ein „Ausstieg aus dem verzögerten Ausstieg", der nicht zuletzt angesichts der Reaktorkatastrophe im japanischen Fukushima auch in Deutschland ernsthaft diskutiert wird, wäre also gegebenenfalls nur im Falle entsprechender Kompensationszahlungen möglich[134].

E. Fazit und Ausblick

Als Fazit lässt sich demnach festhalten, dass eine inhaltliche und zeitliche Konsistenz des Ordnungsrahmens eine entscheidende Investitionsgrundlage für die Energiewirtschaft darstellt. Da die klimapolitischen Ziele der Bundesregierung und der EU und in Deutschland zusätzlich

---

133 Zu letzterer allerdings kritisch *Wolfers* in diesem Band.

134 Ähnlich verhält es sich übrigens mit der geplanten Entflechtungsregelung im GWB. Diese wird sicherlich nur unter sehr engen Voraussetzungen auf Fusionen anwendbar sein, die innerhalb einer bestimmten Karenzzeit unter Auflagen genehmigt wurden. Denn die Genehmigung an sich, aber erst recht die Erfüllung von Auflagen schafft einen entsprechenden Vertrauenstatbestand; dazu *Kühling*, Die Bedeutung der Eigentumsgarantie aus Art. 14 GG für die Regulierung der Energieordnung (in Vorbereitung).

der – nach der Katastrophe von Fukushima gegebenenfalls forcierte, statt verlangsamte – Ausstieg aus der Atomenergie in den kommenden Jahren enorme Investitionen in die Energiesysteme erfordern wird, ist die Beachtung jener Konsistenzanforderungen von essentieller Bedeutung. Nur so können die notwendigen Investitionen primär privatwirtschaftlich erbracht werden. Schon jetzt geht die Kommission selbst im Falle verbesserter Rahmenbedingungen (etwa in Genehmigungsverfahren) von einer verbleibenden Investitionslücke in Europa bis zum Jahr 2020 in Höhe von 60 Mrd. Euro aus[135]. Damit steht zu erwarten, dass wir über kurz oder lang auch in der Energiewirtschaft – wie in der Telekommunikationswirtschaft mit Blick auf den Breitbandausbau – die Diskussion um massive hoheitliche Subventionen bekommen werden, die im Übrigen über die EEG-Förderung auf der Erzeugungsebene schon längst mit erheblichen finanziellen Implikationen[136] gezahlt werden.

Die verfassungsrechtlichen Vorgaben aus den rechtsstaatlichen Geboten der Normenklarheit und -bestimmtheit sowie der Widerspruchsfreiheit der Rechtsordnung sind mit Blick auf die *inhaltliche* Konsistenz eher moderat, so dass diesbezügliche Forderungen eher eine Frage der rechtspolitischen Vernünftigkeit denn der verfassungsrechtlichen Gebotenheit sind. Dabei wurden die Bedeutung und die Anforderungen an die inhaltliche Konsistenz exemplarisch am Beispiel der im Dritten Energiebinnenmarktpaket erstmals vorgesehenen Möglichkeiten der Auferlegung von Investitionspflichten im Übertragungsnetzbereich erörtert. Der Ausbau der nationalen Übertragungsnetze ist von essentieller Bedeutung für die wirksame Anbindung von Wind- und Wasserkraftwerken im Norden Deutschlands und insgesamt für die Verwirklichung der

---

135 Vgl. die Kommissionsmiteilung (Fn. 91), S. 17.

136 So werden von den Anbietern induzierte Preissteigerungen von bis zu 10 % reklamiert. Siehe hierzu http://www.faz.net/s/RubEC1ACFE1EE274C81BCD3621EF555C83C/Doc~EF19B852182504AD6A6007C848746C35B~ATpl~Ecommon~Scontent.html; kritisch dagegen die *Bundesnetzagentur*, die einen entsprechenden Zusammenhang bezweifelt, vgl. den aktuellen Monitoringbericht 2010, S. 97 (der Bericht ist abrufbar im WWW unter der URL http://www.bundesnetzagentur.de/cae/servlet/contentblob/191676/publicationFile/9294/Monitoringbericht2010Energiepdf.pdf).

anspruchsvollen klimapolitischen Ziele der Bundesregierung. Insoweit handelt es sich um staatlich veranlasste Entscheidungen. Die stärkere staatliche Veranlassung geht mit einer stärkeren staatlichen (Investitions-)Planung einher. Verstärkt wird damit zugleich der Trend der Publifizierung vormals privater Entscheidungen. Diese Entwicklung wird künftig vermutlich noch weiter gehen. Das angemessene Maß staatlicher Vorsteuerung und Intervention in die Energiemärkte wird daher kritisch im Auge zu behalten sein. Daher bedarf es einer maßvollen Ausübung der behördlichen Kompetenzen, um die Durchführung der in den zehnjährigen Netzentwicklungsplänen genannten Vorhaben durchzusetzen. Es besteht bei der Aufstellung der zehnjährigen Netzentwicklungspläne die latente Gefahr, dass ein zusätzlicher Kapazitätsbedarf überschätzt wird. Denn die im Rahmen der Konsultation befragten aktuellen und potenziellen Netznutzer müssen das Risiko eines „Overinvestments" nicht fürchten, da dieses nur den ITO im Rahmen der Versagung der Anerkennung von Kosten im Rahmen der Entgeltgenehmigung treffen kann und ansonsten über die Netzentgelte an die Verbraucher weitergegeben wird. Unter diesem Eindruck der Inkongruenz von Veranlassung und Verantwortung ist Zurückhaltung bei der behördlichen Durchsetzung von Investitionen geboten. Ein konsequent privatwirtschaftlicher Weg wird durch die Investitionsregulierung jedenfalls ein Stück weit verlassen. Die Investitionspflichten werden im Richtlinienrecht im Übrigen in inkonsistenter Weise von dem gewählten Unbundling-Modell abhängig gemacht. Hier deutet sich an, dass im Rahmen der Novellierung des EnWG hingegen - zu Recht - ein einheitlicher Ansatz unabhängig vom gewählten Unbundling-Modell erfolgen wird. Im Übrigen bringt die zunehmende staatliche Investitionsplanung in der Konsequenz mit sich, dass der Staat diese konsistenter Weise entgeltregulatorisch berücksichtigen muss. Im Richtlinienrecht ist das für die Übertragungsnetze angelegt. Es wird im deutschen Recht konsequent umzusetzen und anzuwenden sein. Entsprechendes zeichnet sich ab. Was die Beschleunigungsmaßnahmen und die Bedarfsplanung im Genehmigungsrecht anbelangt, sind diese grundsätzlich zu begrüßen und sie entsprechen einem konsistenten Ansatz des deutschen Gesetzgebers. Damit kann in

Bezug auf den Netzausbau in Deutschland insgesamt mit einem *inhaltlich* konsistenten Regulierungsrahmen gerechnet werden.

Zumindest in rechtspolitischer Hinsicht problematisch ist insoweit eher die „Regulierungshektik" auf europäischer Ebene, wie sie etwa in der eiligen Verschärfung der Entflechtungsmodelle zum Ausdruck gekommen ist[137]. Gerade das Dritte Energiebinnenmarktpaket zeigt im Übrigen, dass die Vielzahl und Komplexität der rechtlichen Interventionen die legislative Qualität zunehmend in Frage stellt und schon dadurch unnötig Rechtsunsicherheit generiert wird. Der europäische Gesetzgeber sollte sich hier stärker auf die Schaffung des Binnenmarktes und die dabei wesentlichen Stellschrauben konzentrieren[138], wie die Beseitigung der Engpässe an den Grenzkuppelstellen, und die diesbezüglichen Vorgaben sorgfältiger ausarbeiten. Denn die dem Grunde nach ja äußerst fruchtbare und auch zwingend gebotene europäische Überformung des nationalen Energierechts bringt notwendiger Weise eine Steigerung der Komplexität und damit zusätzliche Quellen der Rechtsunsicherheit mit sich, wie etwa mit Blick auf den Streit um die Regulierung der Objektnetze deutlich geworden ist[139]. Daher sind unnötige Komplexitätssteigerungen zu vermeiden.

Was die *zeitliche* Konsistenz, also die Stabilität der Rechtsordnung, anbelangt, wurde aufgezeigt, dass hier in der Rechtsprechung des Bundesverfassungsgerichts durchaus reichere, aus dem Rechtsstaatsprinzip (und den Grundrechten) abgeleitete verfassungsrechtliche Vorgaben des Vertrauensschutzes vorliegen. Ständige ordnungspolitische Wechsel sind dabei unter Vertrauensschutzgesichtspunkten bedenklich und schnüren den Staat immer mehr ein[140], da er Investitionshoffnungen schürt und unter Vertrauensschutzgesichts-punkten Bindungen eingeht, die einer kurzfristigen Änderung tendenziell entgegen stehen, sollen keine Kom-

---

137 Kritisch insoweit ebenso die *Monopolkommission,* Sondergutachten gem. § 62 Abs. 1 EnWG, Strom und Gas 2007: Wettbewerbsdefizite und zögerliche Regulierung, Ziff. 613.

138 Dazu schon *Kühling/Pisal,* RdE 2010, S. 161, 167 und 169.

139 Dazu etwa *Kühling/Pisal,* IR 2009, S. 74 ff.

140 Zu diesem Zusammenhang schon *Papier* (Fn. 129), IV.

pensationspflichten ausgelöst werden. Die „konsensuale" Vorgehensweise mit Blick auf den Ausstieg aus der Atomenergie ist nicht zuletzt Ausdruck dieses Problems. Aber auch die Förderung der Photovoltaik zeigt exemplarisch, dass eine schnelle Änderung der Rahmenbedingungen trotz erkannter wirtschaftspolitischer Zweifelhaftigkeit der Zweckmäßigkeit der Förderinstrumente[141] nicht zuletzt aufgrund von Vertrauensschutz-gesichtspunkten erschwert wird[142].

Die beschleunigte und durch das Mehrebenensystem in der Komplexität gesteigerte Gesetzgebung im Energiesektor führt jedenfalls dazu, dass die Wahrung der inhaltlichen und zeitlichen Konsistenz des Ordnungsrahmens, die für die notwendigen Investitionen unabdingbar ist, immer schwieriger wird.

141Dazu exemplarisch das Sondergutachten des *Sachverständigenrats für Umweltfragen*, Wege zur 100% erneuerbaren Stromversorgung, Sondergutachten, 2011, Ziff. 8.4.1 und 8.4.4.1.

142Vgl. dazu etwa das im Auftrag des Bundesumweltministeriums erstellte Rechtgutachten von *Klinski*, EEG-Vergütung: Vertrauensschutz bei künftigen Änderungen der Rechtslage?, 2009.

Der Förderfondsvertrag zwischen der Bundesrepublik Deutschland und der deutschen Kernenergieindustrie – Entstehung, Inhalt, rechtliche Würdigung

(Benedikt Wolfers*, Thomas Voland*, Burkard Wollenschläger*)

A. Einleitung

Im Januar 2011 trat der zwischen der Bundesrepublik Deutschland und der deutschen Kernenergieindustrie geschlossene Förderfondsvertrag (FFV) in Kraft. Darin verpflichteten sich die Kernkraftwerksbetreibergesellschaften und deren Konzernobergesellschaften gegenüber der Bundesregierung, einen Teil der Gewinne, die aus einer Verlängerung der Laufzeiten für Kernkraftwerke entstehen, an den Bund abzuführen.

Im Wesentlichen mit diesen Gewinnen sollte ein Sondervermögen des Bundes, der Energie- und Klimafonds, gespeist werden. Der Fonds sollte anfänglich Einnahmen von EUR 300 Mio. p.a. und später bis zu EUR 3 Mrd. p.a. verzeichnen.[143] Ziel des Fonds ist es, Maßnahmen in den Bereichen Energieeffizienz, erneuerbare Energien und Klimaschutz zu finanzieren.[144]

Angesichts der Ereignisse im japanischen Kernkraftwerk Fukushima, in dem es am 11. März 2011 infolge eines Erdbebens mit der Stärke 9,0 und einer anschließenden Flutwelle sowie aufgrund eines Auslegungsman-

---

* Dr. Wolfers arbeitet als Rechtsanwalt bei Freshfields Bruckhaus Deringer in Berlin.

* Dr. Voland arbeitet als Rechtsanwalt bei Freshfields Bruckhaus Deringer in Berlin

* Dr. Wollenschläger arbeitet als Rechtsanwalt bei Freshfields Bruckhaus Deringer in Berlin.

143 Deutscher Bundestag, Entwurf eines Gesetzes zur Errichtung eines Sondervermögens „Energie- und Klimafonds" (EKFG), BT-Drs. 17/3053, S. 1; ders., Beschlussempfehlung und Bericht des Haushaltsausschusses zu den Entwürfen von EKFG und KernBrStG, BT-Drs. 17/3405, S. 8.

144 Deutscher Bundestag, Entwurf eines Gesetzes zur Errichtung eines Sondervermögens „Energie- und Klimafonds" (EKFG), BT-Drs. 17/3053, S. 10.

gels[145] zu dem Ausfall von Kühlanlagen, Explosionen, freiliegenden Brennstäben und zum Austritt von Radioaktivität kam, haben die Bundesregierung und der Bundestag die Laufzeitverlängerung wieder rückgängig gemacht.[146]

Vor diesem Hintergrund widmet sich der Beitrag der Entstehungsgeschichte (hierzu B.), dem Inhalt (hierzu C.) sowie der Wirksamkeit des FFV (hierzu D.) und geht abschließend der Frage nach, welche Folgen die Rücknahme der Laufzeitverlängerung für den FFV hat (hierzu E.).

B. Entstehungsgeschichte

Der FFV entstand im Zusammenhang mit der von der Bundesregierung beabsichtigten Verlängerung der Laufzeiten für Kernkraftwerke. So hieß es bereits im Koalitionsvertrag zwischen CDU, CSU und FDP aus dem Jahr 2009:

„Die Kernenergie ist eine Brückentechnologie, bis sie durch erneuerbare Energien verlässlich ersetzt werden kann. Andernfalls werden wir unsere Klimaziele, erträgliche Energiepreise und weniger Abhängigkeit vom Ausland nicht erreichen. Dazu sind wir bereit, die Laufzeiten deutscher Kernkraftwerke unter Einhaltung der strengen deutschen und internationalen Sicherheitsstandards zu verlängern. Das Neubauverbot im Atomgesetz bleibt bestehen.

In einer möglichst schnell zu erzielenden Vereinbarung mit den Betreibern werden zu den Voraussetzungen einer Laufzeitverlängerung nähere Regelungen getroffen (u. a. Betriebszeiten der Kraftwerke, Sicherheitsniveau, Höhe und Zeitpunkt eines Vorteilsausgleichs, Mittelver-

145 Vgl. dazu die Stellungnahme der Reaktor-Sicherheitskommission, Anlagenspezifische Sicherheitsüberprüfung (RSK-SÜ) deutscher Kernkraftwerke unter Berücksichtigung der Ereignisse in Fukushima-I (Japan), 11-14.5.2011, S. 18.

146 Vgl. hierzu Entwurf eines Dreizehnten Gesetzes zur Änderung des Atomgesetzes, Drs. 17/6070 vom 6. Juni 2011, der vom Bundestag in dritter Lesung am 30. Juni 2011 unverändert angenommen wurde. Die Aufhebung der Laufzeitverlängerung soll durch Streichung von Anlage 3 Spalte 4 zu § 7 Abs. 1a AtG erfolgen.

wendung zur Erforschung vor allem von erneuerbaren Energien, insb. von Speichertechnologien). Die Vereinbarung muss für alle Beteiligten Planungssicherheit gewährleisten."[147]

Auf ihrer Kabinettsklausur im Juni 2010 beschloss die Bundesregierung eine Eckpunktevereinbarung („8-Punkte-Plan") für die weitere Aufstellung des Haushaltsentwurfs 2011 und des Finanzplans bis 2014 mit dem Ziel der Haushaltskonsolidierung.[148] Im Zusammenhang mit einer ökologischen Neujustierung und dem Abbau von Subventionen machte die Bundesregierung deutlich, dass sie eine Besteuerung der Kernenergie aus ökologischen und ökonomischen Gründen für gerechtfertigt halte. Die Kernenergiewirtschaft sei im Gegensatz zu anderen Energieproduzenten nicht vom Emissionshandel betroffen. Durch die Einpreisung der CO_2-Zertifikate in den Strompreis seien die Preise gestiegen, ohne dass zugleich die Stromerzeugungskosten gestiegen seien. Über eine Besteuerung der Kernenergie sollten dem Bund zusätzliche Einnahmen in Höhe von EUR 2,3 Mrd. p.a. zufließen.

Außerdem beabsichtigte die Bundesregierung, eine Vereinbarung mit den Kernenergiebetreibern darüber zu treffen, dass ein Teil der zusätzlichen Gewinne für den Fall einer gesetzlichen Laufzeitverlängerung über die Zahlung eines Förderbeitrags auf vertraglicher Grundlage abgeschöpft wird. Hierzu einigte sie sich im September 2010 mit den Energieversorgungsunternehmen und den Kernkraftwerksbetreibern (KKW-Betreiber) auf ein Eckpunktepapier (Term Sheet). Die finale Fassung des Vertrags wurde am 10. Januar 2011, nach Inkrafttreten der Laufzeitverlängerung, unterzeichnet.

Die gesetzliche Laufzeitverlängerung verabschiedete der Bundesgesetzgeber am 8. Dezember 2010. Zu dem Gesetzespaket zählten im Wesentli-

---

147 Koalitionsvertrag „Wachstum. Bildung. Zusammenhalt." zwischen CDU, CSU und FDP vom 26.10.2009, S. 29.

148 Bundesregierung, Die Grundpfeiler unserer Zukunft stärken – Acht Punkte für solide Finanzen, neues Wachstum und Beschäftigung und Vorfahrt für Bildung vom 7.6.2010, abrufbar unter http://www.bundesregierung.de/Content/DE/__Anlagen/2010/2010-06-07-eckpunkte-kabinett,property= publicationFile.pdf (letzter Aufruf 27.5.2011).

chen die Elfte[149] und die Zwölfte[150] AtG-Novelle sowie das Gesetz zur Errichtung eines Sondervermögens „Energie- und Klimafonds" (EKFG)[151]. Es umfasste darüber hinaus das Kernbrennstoffsteuergesetz (KernbrStG), das eine Besteuerung der Verwendung von Kernbrennstoff als Verbrauchssteuer einführt.[152] Die Laufzeitverlängerung selbst wurde durch die Elfte AtG-Novelle verankert, während die Zwölfte AtG-Novelle im Wesentlichen eine verstärkte materielle Verpflichtung der Kernanlagenbetreiber im Hinblick auf Sicherheitsvorkehrungen enthält.[153]

C. Inhalte des Förderfondsvertrags

Gemäß § 4 Abs. 3 EKFG kann das Bundesfinanzministerium für den Bund einen Vertrag mit den Betreibergesellschaften von Kernkraftwerken und ihren Konzernobergesellschaften in Deutschland schließen, nach dem ein Teil der zusätzlichen Gewinne aus der Laufzeitverlängerung der Kernkraftwerke an ein Sondervermögen des Bundes (Energie- und Klimafonds) zu zahlen ist. Der Vertrag wurde mit der Unterzeichnung durch den Bund am 10.1.2011 wirksam.[154]

I. Zahlungspflichten der Kernkraftwerksbetreiber

Der FFV regelt zunächst die Höhe und Fälligkeit der Zahlungen, die die KKW-Betreiber aus den Gewinnen, die sie durch die Produktion zusätzlicher Elektrizitätsmengen erzielen, zahlen müssen. Darüber hinaus enthält der FFV Vorschriften über die Anpassung der Zahlungen etwa infolge einer Verkürzung der zusätzlichen Laufzeiten, bei Ausgaben über

---

149 Elftes Gesetz zur Änderung des Atomgesetzes, BGBl. I 2010, 1814.

150 Zwölftes Gesetz zur Änderung des Atomgesetzes, BGBl. I 2010, 1817.

151 BGBl. I 2010, 1807.

152 Kernbrennstoffsteuergesetz vom 8.12.2010, BGBl. I 2010, 1804. Das Gesetz ist am 1.1.2011 in Kraft getreten.

153 Vgl. Deutscher Bundestag, Entwurf eines Zwölften Gesetzes zur Änderung des Atomgesetzes, BT-Drs. 17/3052, S. 2.

154 Die für das Wirksamwerden des Vertrags in § 6.1 FFV aufgestellte Bedingung des Inkrafttretens der Elften AtG-Novelle sowie des EKFG (vgl. Ziff. 6.1 FFV) war bereits am 14.12.2010 erfüllt.

EUR 500 Mio. pro KKW für die Erfüllung hoheitlich veranlasster oder mit den zuständigen Behörden abgestimmter erforderlicher Nachrüstungs- oder Sicherheitsanforderungen oder zur Berücksichtigung von Strompreisänderungen. Schließlich sieht der FFV u.a. auch eine Anpassungs- und Kündigungsklausel für eine wesentliche Veränderung der für den Vertragsschluss maßgeblichen Umstände sowie Bestimmungen zur Streitbeilegung vor.

Mit den Zahlungen sollte der Energie- und Klimafonds gespeist werden. Aufgabe dieses Fonds ist es, Programmausgaben „zur Förderung einer umweltschonenden, zuverlässigen und bezahlbaren Energieversorgung" zu finanzieren (§ 2 Abs. 1 Satz 1 EKFG). Insbesondere sollen Maßnahmen in den Bereichen Energieeffizienz, erneuerbare Energien, Energiespeicher- und Netztechnologien, energetische Gebäudesanierung sowie nationaler und internationaler Klima- und Umweltschutz (§ 2 Abs. 1 Satz 2 EKFG) gefördert werden. Der auf der Grundlage des FFV gezahlte Beitrag der KKW-Betreiber sollte die Haupteinnahmequelle des mit dem EKFG geschaffenen Sondervermögens „Energie- und Klimafonds" sein.[155] Weitere finanzielle Mittel sollten dem Fonds aus der Kernbrennstoffsteuer zufließen, soweit sie für die Jahre 2011 bis 2016 den Betrag von EUR 2,3 Mrd. p.a. übersteigt (§ 4 Abs. 1 Nr. 2 EKFG). Dritte Einnahmequelle des Fonds sollten ab dem Jahr 2013 Einnahmen aus der Versteigerung von Emissionszertifikaten sein, soweit sie den Betrag von EUR 900 Mio. zuzüglich der Kosten für die Verwaltung der Deutschen Emissionshandelsstelle übersteigen (§ 4 Abs. 1 Nr. 3 EKFG). Allein aus den Förderbeiträgen sollten sich nach den Plänen der Bundesregierung für den Fonds in den Jahren 2011 und 2012 jährliche Einnahmen in Höhe von bis EUR zu 300 Mio. und in den Jahren 2013 bis 2016 bis zu 200 Mio. Euro ergeben.[156]

---

155 Zum Einfluss der aktuellen Entwicklungen auf die Förderbeiträge und die Finanzierung des Energie- und Klimafonds siehe unter E.

156 Vgl. Deutscher Bundestag, Entwurf eines Gesetzes zur Errichtung eines Sondervermögens „Energie- und Klimafonds" (EKFG), BT-Drs. 17/3053, S. 10.

II. Keine Gegenleistungspflicht des Bundes

Hervorzuheben ist, dass der FFV keine Verpflichtung des Bundes begründet, Gesetze zu erlassen oder Gesetzesänderungen vorzunehmen. Die gesetzgeberischen Maßnahmen zur Laufzeitverlängerung sind vielmehr Wirksamkeitsvoraussetzung für den FFV (vgl. § 6.1 FFV). Dies zeigt sich nicht nur im Vertragstext, sondern auch daran, dass die Parteien den Vertrag erst unterzeichnet haben, nachdem die Elfte Novelle des Atomgesetzes in Kraft getreten war. Eine synallagmatische Verknüpfung von Zahlungsverpflichtungen der KKW-Betreiber einerseits und gesetzgeberischer Betätigung des Bundes andererseits besteht damit nicht. Der Vertrag betrifft ausschließlich die fiskalische Folge eines Gesetzesaktes, nämlich die Abschöpfung der wirtschaftlichen Vorteile, die sich für die KKW-Betreiber für den Fall einer gesetzlichen Laufzeitverlängerung ergeben. Damit handelt es sich vertragstypologisch um einen fiskalischen Folgenvertrag, der verwaltungsdogmatisch als hinkender öffentlich-rechtlicher Austauschvertrag strukturiert ist (näher dazu sogleich unter D.I.3.).[157]

III. Verhältnis zum AtG und zum KernbrStG

Vertragliche Regelungen bezüglich Sicherheits- und Nachrüstanforderungen enthält der FFV nicht. Diese ergeben sich ausschließlich aus den gesetzlichen Bestimmungen, insbesondere dem AtG.

Die Abführung von Förderbeiträgen erfolgt darüber hinaus unabhängig von der zusätzlich erhobenen Kernbrennstoffsteuer. Diese steht in keinem Zusammenhang zum FFV und wurde vom Gesetzgeber losgelöst von einer vertraglichen Vereinbarung über die zusätzliche Abführung von Gewinnen konzipierte – obwohl verfassungsrechtlich, insbesondere aus Sicht von Art. 14 Abs. 1 GG durchaus ein Zusammenhang zwischen der Laufzeitverlängerung und der Kernbrennstoffsteuer besteht.

---

157 *Spieth*, in: Bader/Ronellenfitsch, Beck'scher Onlinekommentar VwVfG, Stand: 1.4.2011, § 56 Rn. 30a.

D. Wirksamkeit des Förderfondsvertrags

Der FFV ist ein öffentlich-rechtlicher Vertrag (hierzu I.), der wirksam ist (hierzu II.)

I. Rechtsnatur

Bei dem FFV handelt es sich um eine mit Rechtsbindungswillen geschlossene vertragliche Vereinbarung (hierzu 1.) des öffentlichen Rechts (hierzu 2.). Allerdings enthält der FFV keine im Synallagma stehenden Pflichten; es handelt sich vielmehr um einen hinkenden Austauschvertrag (hierzu 3.).

1. Rechtsbindungswille

Ein öffentlich-rechtlicher Vertrag verlangt - wie jeder Vertrag - eine erklärte Willensübereinstimmung über die Herbeiführung einer von den Vertragspartnern beabsichtigten (finalen) bestimmten rechtlichen Wirkung, mithin einen vom Erklärungsbewusstsein getragenen beiderseitigen Rechtsbindungswillen.[158]

Einige Autoren lehnen den Rechtsbindungswillen insbesondere der Bundesregierung unter Hinweis darauf ab, dass diese sich vertraglich gar nicht rechtsverbindlich zum Erlass konkreter gesetzlicher Bestimmungen verpflichten dürfe und man nicht davon ausgehen könne, dass die Bundesregierung einen verfassungswidrigen Vertrag schließen wolle.[159] Dieser Einwand ist verfehlt. Denn eine derartige Verpflichtung der Bundesregierung bzw. der Gesetzgebungsorgane enthält der FFV gerade nicht. Das kann dem Vertragstext leicht entnommen werden.

Darüber kann der Rechtsbindungswille nicht mit ähnlichen Erwägungen wie beim Atomkonsens 2001 bezweifelt werden. Damals hat das BVerfG

---

158 Siehe nur *Bonk*, in: Stelkens/Bonk/Sachs, VwVfG, 7. Aufl. 2008, § 54 Rn. 28 m.w.N.

159 So *Kloepfer/Bruch*, JZ 2011, S. 377 (381); *Waldhoff/v. Aswege*, Kernenergie als „goldene Brücke"? Verfassungsrechtliche Probleme der Aushandlung von Laufzeitverlängerungen gegen Gewinnabschöpfungen, 2010, S. 63. Im Zusammenhang mit dem Atomkonsens I ebenso *Schorkopf*, NVwZ 2000, 1111 (1112).

bezüglich einiger Regelungen dieser Vereinbarung den Rechtsbindungswillen der Parteien in Frage gestellt und ausgeführt:

„[…] es handelt sich um typische und politisch übliche Absichtserklärungen, an denen kein vernünftig und verantwortlich Handelnder ‚ein Tau festbinden' würde."[160]

Unabhängig davon, ob diese Einschätzung zutreffend ist, lässt sie sich nicht auf den FFV übertragen. Denn dieser enthält überhaupt keine Regelungen zu einer künftigen atomrechtlichen Rechtslage. Vielmehr hat der FFV die fiskalischen Folgen, die nach Eintritt einer bestimmten Gesetzeslage gelten sollen, zum Gegenstand. Ihren diesbezüglichen Rechtsbindungswillen haben die Parteien im FFV deutlich zum Ausdruck gebracht. Denn die KKW-Betreiber *verpflichten* sich (unter bestimmten Bedingungen) zu *verbindlichen Zahlungen* an den Energie- und Klimafonds.

2. FFV als öffentlich-rechtlicher Vertrag

Die §§ 54 ff. VwVfG gelten nach ihrem Wortlaut nur für Verträge „auf dem Gebiet des öffentlichen Rechts" (§ 54 Satz 1 VwVfG), wobei der Begriff des öffentlichen Rechts durch den Anwendungsbereich des VwVfG begrenzt wird. Damit ist nur die öffentlich-rechtliche Verwaltungstätigkeit der Behörden von Bund, Ländern und Kommunen erfasst.[161] Nicht unter §§ 54 ff. VwVfG fallen hingegen verfassungsrechtliche Verträge.[162]

In der Literatur wird teilweise angenommen, der FFV sei ein verfassungsrechtlicher Vertrag, weil die Bundesregierung als ein am Verfassungsleben unmittelbar beteiligter Rechtsträger auftrete und die in Aussicht gestellte Maßnahme in ihrer Eigenschaft als Verfassungsorgan vornehme.[163] Diese Ansicht verkennt jedoch, dass ein verfassungsrechtlicher

---

160 BVerfGE 104, 249 (268).

161 *Bonk*, in: Stelkens/Bonk/Sachs, VwVfG, 7. Aufl. 2008, § 54 Rn. 68.

162 *Bonk*, in: Stelkens/Bonk/Sachs, VwVfG, 7. Aufl. 2008, § 54 Rn. 70.

163 Siehe *Waldhoff/v. Aswege*, Kernenergie als „goldene Brücke"? Verfassungsrechtliche Probleme der Aushandlung von Laufzeitverlängerungen gegen Gewinnabschöpfungen, 2010, S. 63. Im Ergebnis ebenso *Kloepfer/Bruch*, JZ 2011, S. 377 (383).

Vertrag zwischen Staat und Privatrechtssubjekten von vornherein ausscheidet, wenn eine Vertragspartei ein Privatrechtssubjekt ist.[164] Denn ein verfassungsrechter Vertrag kann nur *zwischen Verfassungsorganen* bzw. am Verfassungsleben beteiligten Organen geschlossen werden.[165] Im Übrigen ist auch der Regelungsgegenstand des Vertrags nicht verfassungsrechtlicher Art, weil er kein materielles Verfassungsrecht betrifft. Der FFV hat gerade nicht eine Änderung der Gesetzeslage oder gesetzesvorbereitende Maßnahmen zum Gegenstand. Vielmehr regelt er nur die Folgen einer vom Gesetzgeber möglicherweise implementierten Gesetzesänderung. Er betrifft damit nur einen fiskalischen Aspekt, der mit der Umsetzung der Laufzeitverlängerung einher geht, nämlich die Abschöpfung der aus der Laufzeitverlängerung resultierenden wirtschaftlichen Vorteile („fiskalischer Folgenvertrag"). Eine derartige Abschöpfung, die sich als Folge des Gesetzesvollzugs darstellt, ist administratives Handeln der Regierung und begründet keinerlei verfassungsrechtliche Rechte und Pflichten. Der FFV ist daher als öffentlich-rechtlicher Vertrag i.S.d. § 54 Satz 1 VwVfG anzusehen.

3. FFV als hinkender Austauschvertrag

Ein öffentlich-rechtlicher Vertrag i.S.d. §§ 54 ff. VwVfG kann als subordinationsrechtlicher oder koordinationsrechtlicher Vertrag geschlossen werden.[166] Ein subordinationsrechtlicher Vertrag zeichnet sich dadurch aus, dass die Vertragsparteien außerhalb der Vertragsbeziehungen im Verhältnis der Über- und Unterordnung zueinander stehen.[167] Das ist bei den Vertragsparteien des FFV der Fall, da sie sich außerhalb des FFV als Staat und Privatrechtssubjekt gegenüberstehen.

Eine Unterform der subordinationsrechtlichen Verträge sind die Austauschverträge (vgl. § 56 VwVfG), die dadurch gekennzeichnet sind,

164 Kopp/Schenke, VwGO, 16. Aufl. 2009, § 40 Rn. 32 mwN.

165 BVerwG, NJW 1976, 637 (638); *Schliesky*, in: Knack/Hennecke, VwVfG, 9. Aufl. 2010, Vor § 54 Rn. 18.

166 Vgl. zur Unterscheidung z.B. *Gurlit*, in: Erichsen/Ehlers, Allgemeines Verwaltungsrecht, 13. Aufl. 2006, § 28 Rn. 6 ff.

167 Siehe nur *Schliesky*, in: Knack/Hennecke, VwVfG, 9. Aufl. 2010, § 54 Rn. 51.

dass sie gegenseitige Leistungspflichten der Vertragsparteien zum Gegenstand haben.[168] Die Regelung des § 56 VwVfG setzt dabei nicht voraus, dass ein Leistungsaustausch im engeren Sinne eines Synallagmas vereinbart wird. Ein Austauschvertrag liegt vielmehr auch dann vor, wenn explizit lediglich eine Verpflichtung des privaten Vertragspartners gegenüber dem Träger öffentlicher Verwaltung, nicht hingegen eine Leistung der öffentlich-rechtlichen Vertragspartei vorgesehen ist. Es reicht, wenn die Vertragsparteien ein Handeln des Trägers öffentlicher Verwaltung stillschweigend voraussetzen und dadurch eine kausale bzw. konditionelle Verknüpfung herstellen (sog. hinkender Austauschvertrag).[169] Eine derartige Ausgestaltung liegt auch dem FFV zugrunde: Er sieht Zahlungspflichten der KKW-Betreiber vor, während eine echte Leistungspflicht des Bundes nicht besteht. Das Inkrafttreten eines Gesetzes zur Laufzeitverlängerung ist eine bloße Wirksamkeitsbedingung für den Vertrag (siehe bereits oben C.) und damit Voraussetzung dafür, dass die Leistungspflicht der KKW-Betreiber entsteht. Folglich handelt es sich bei dem FFV nicht um einen Austauschvertrag im engeren Sinne, sondern um einen „hinkenden Austauschvertrag".[170]

II. Wirksamkeit

Der FFV ist wirksam. Insbesondere liegt kein Nichtigkeitsgrund gemäß § 59 Abs. 1, 2 VwVfG vor. Als Gründe für eine Unwirksamkeit des FFV könnten vor allem eine fehlende Vertragsschlusskompetenz des Bundes (hierzu 1.), die Unzulässigkeit der Gegenleistung (hierzu 2.), die Verletzung finanzverfassungsrechtlicher Grundsätze (hierzu 3.) oder des Demokratieprinzips (hierzu 4.) sowie Verstöße gegen Grundrechte und das Recht der Europäischen Union (hierzu 5.) in Betracht kommen. Alle diese Gründe scheiden jedoch aus.

---

168 *Schliesky*, in: Knack/Hennecke, VwVfG, 9. Aufl. 2010, § 56 Rn. 4.

169 BVerwG, NVwZ-RR 2003, 874 (875); *Bonk*, in: Stelkens/Bonk/Sachs, VwVfG, 7. Aufl. 2008, § 56 Rn. 20; *Schliesky*, in: Knack/Hennecke, VwVfG, 9. Aufl. 2010, § 56 Rn. 9.

170 So auch *Spieth*, in: Bader/Ronellenfitsch, Beck'scher Onlinekommentar VwVfG, Stand: 1.4.2011, § 56 Rn. 30a.

1. Vertragsschlusskompetenz des Bundes

Eine Nichtigkeit des FFV könnte sich gem. § 59 Abs. 2 Nr. 1 VwVfG daraus ergeben, dass der Bund nicht zum Abschluss des FFV befugt war. Nach dieser Vorschrift ist ein subordinationsrechtlicher Vertrag nichtig, wenn ein Verwaltungsakt mit entsprechendem Inhalt nichtig wäre. Die Nichtigkeit eines Verwaltungsakts regelt § 44 VwVfG. Danach ist ein Verwaltungsakt u. a. dann nichtig, wenn er an einem besonders schwerwiegenden Fehler leidet und dies bei verständiger Würdigung aller in Betracht kommenden Umstände offensichtlich ist.

Ein derart schwerwiegender Fehler könnte dann vorliegen, wenn der Bund mit dem Abschluss des FFV seine Verbandskompetenz überschritten hätte, d.h. wenn die Vertragsschlusskompetenz bei den Bundesländern gelegen hätte.

Zwar betreffen die im Vertrag geregelten Bedingungen für die Zahlungsverpflichtung der KKW-Betreiber - wie etwa die Verlängerung der Laufzeiten und die Regelungen zur Übertragbarkeit der Elektrizitätsmengen - atomrechtliche Regelungsgegenstände. Das Atomgesetz wird im Wege der Bundesauftragsverwaltung (Art. 87c GG i.V.m. § 24 Abs. 1 Satz 1 AtG) vollzogen, bei der die Wahrnehmungskompetenz ausschließlich und unentziehbar bei den Ländern liegt.[171] Im Rahmen der Bundesauftragsverwaltung muss der Erlass gesetzesvollziehender rechtsverbindlicher Entscheidungen mit Außenwirkung, also auch der Abschluss öffentlich-rechtlicher Verträge, den Ländern vorbehalten bleiben.[172]

Daraus folgt aber keine alleinige Kompetenz der Länder zum Abschluss des FFV.[173] Denn die im FFV enthaltenen Bedingungen, die die Leistungspflichten der KKW-Betreiber entstehen lassen, sind keine gesetzes*vollziehenden* Maßnahmen, sondern betreffen lediglich den *Erlass* von

---

171 BVerfGE 81, 310 (332); 104, 249 (266).

172 BVerfGE 104, 249 (266).

173 In diesem Sinne wohl *Waldhoff/v. Aswege*, Kernenergie als „goldene Brücke"? Verfassungsrechtliche Probleme der Aushandlung von Laufzeitverlängerungen gegen Gewinnabschöpfungen, 2010, S. 73.

gesetzlichen Regelungen. Folglich besteht auch keine Wahrnehmungszuständigkeit für die Länder. Vielmehr kommt es für die Abschlusskompetenz entscheidend darauf an, wer die als hinkende behördliche Leistungsversprechen ausgestalteten Bedingungen für das Wirksamwerden des FFV erfüllen kann, wem also bezüglich dieser Bedingungen die Kompetenz zusteht.

Das ist der Bund. Die Laufzeitverlängerung erfolgte über die Einfügung von Spalte 4 der Anlage 3 zu § 7 Abs. 1a AtG und damit im Wege der Gesetzesänderung. Für Regelungen zur Erzeugung und Nutzung der Kernenergie steht dem Bund gem. Art. 73 Abs. 1 Nr. 14 GG die ausschließliche Gesetzgebungszuständigkeit zu – und zwar unabhängig von der Frage, ob eine Verlängerung der Laufzeiten der Zustimmung des Bundesrats bedarf, da dieser auch ein Bundesorgan ist. Aus diesem Grund fällt die Laufzeitverlängerung nicht in die atomrechtliche Wahrnehmungskompetenz der Länder. Gleiches gilt im Ergebnis in Bezug auf die Übertragung von Elektrizitätsmengen, da auch diese auf einer Gesetzesänderung beruht (§ 7 Abs. 1b Satz 1 AtG n.F.), für die der Bund ausschließlich zuständig ist.

Aber selbst wenn man eine Vertragsschlusskompetenz des Bundes verneinen wollte, hätte dies nicht die Nichtigkeit des FFV zur Folge. Dies wäre nur dann der Fall, wenn die Unzuständigkeit einen besonders schwerwiegenden Fehler darstellen würde und dies bei verständiger Würdigung aller in Betracht kommenden Umstände offensichtlich wäre (vgl. § 44 Abs. 1 VwVfG). Das wird beim Erlass von Verwaltungsakten durch eine unzuständige Behörde nur dann angenommen, wenn die Behörde unter keinerlei sachlichen Gesichtspunkten zuständig sein kann (absolute Unzuständigkeit).[174] Aufgrund der atomrechtlichen Sachkompetenz des Bundes kann von einer absoluten Unzuständigkeit des Bundes indes nicht die Rede sein.[175]

---

174 Siehe *Pünder*, in: Erichsen/Ehlers, Allgemeines Verwaltungsrecht, 13. Aufl. 2006, § 13 Rn. 2; *Sachs*, in: Stelkens/Bonk/Sachs, VwVfG, 7. Aufl. 2008, § 44 Rn. 111.

175 *Sachs*, in: Stelkens/Bonk/Sachs, VwVfG, 7. Aufl. 2008, § 44 Rn. 164.

2. Die Zulässigkeit der Gegenleistung

Ein öffentlich-rechtlicher Vertrag ist gem. § 59 Abs. 2 Nr. 4 VwVfG auch dann nichtig, wenn sich die Behörde eine nach § 56 VwVfG unzulässige Gegenleistung versprechen lässt. Diese Vorschrift verlangt im Einzelnen, dass der Zweck der Gegenleistung im Vertrag vereinbart wird, dass die Gegenleistung zur Erfüllung öffentlicher Aufgaben[176] verwendet wird, angemessen ist und in einem sachlichen Zusammenhang zur Leistung der Behörde steht (Koppelungsverbot).

Der FFV legt den Zweck der Gegenleistung in § 1.1 ausdrücklich fest: Die von den KKW-Betreibern gezahlten Förderbeiträge fließen an den Energie- und Klimafonds, der mit diesen Einnahmen Programme u.a. in den Bereichen Energieeffizienz und Umwelt- und Klimaschutz finanzieren soll. Dabei handelt es sich um öffentliche Aufgaben. Denn die Sicherstellung einer zuverlässigen und bezahlbaren Energieversorgung (vgl. § 2 Abs. 1 EKFG) liegt im allgemeinen Interesse.[177] Gleiches gilt auch für den Klima- und Umweltschutz, der als Staats-zielbestimmung (Art. 20a GG) Direktive staatlichen Handelns ist.[178] Beide Aufgaben fallen zudem in den Zuständigkeitsbereich des Bundes: Für die Energieversorgung ergibt sich seine Zuständigkeit aus Art. 74 Abs. 1 Nr. 11 GG (Recht der Energiewirtschaft), für den Umwelt- und Klimaschutz folgt sie aus Art. 74 Abs. 1 Nr. 24 GG (Luftreinhaltung).[179]

Die Gegenleistung muss den gesamten Umständen nach angemessen sein. Durch diese einfachgesetzliche Konkretisierung des verfassungsrechtlichen Übermaßverbots soll sichergestellt werden, dass die Gegenleistung bei wirtschaftlicher Betrachtung nicht völlig außer Verhältnis

---

176 Hierzu *Gurlit*, in: Erichsen/Ehlers, Allgemeines Verwaltungsrecht, 13. Aufl. 2006, § 31 Rn. 11; *Schliesky*, in: Knack/Hennecke, VwVfG, 9. Aufl. 2010, § 56 Rn. 18, 20.

177 Vgl. nur *Theobald*, in: Danner/Theobald, Energierecht, 67. EL 2010, § 1 EnWG Rn. 11.

178 Näher dazu *Scholz*, in: Maunz/Dürig, Grundgesetz, 61. EL 2011, Art. 20a Rn. 44 ff.

179 So etwa die Begründung zum Gesetz zur Förderung Erneuerbarer Energien im Wärmebereich (Erneuerbare-Energien-Wärmegesetz, EEWärmeG), BT-Drs. 16/8149, S. 12 f.

zur behördlichen Leistung steht.[180] Das ist beim FFV nicht der Fall, weil die Förderbeiträge nur einen Teil der zusätzlichen Gewinne der KKW-Betreiber aus den Laufzeitverlängerungen abschöpfen und den Betreibern ein Teil des Gewinns verbleiben soll.

Die Frage der Angemessenheit der Gegenleistung könnte sich jedoch hinsichtlich der Nichtrückzahlbarkeit der auf die Förderbeiträge zu leistenden Vorauszahlungen (§ 2.1 FFV) stellen. So erscheint es insbesondere problematisch, wenn bereits in erheblichem Umfang Vorausleistungen von Seiten der KKW-Betreiber erfolgt sind, ohne dass zusätzliche Elektrizitätsmengen in Anspruch genommen werden konnten.

Auch das Koppelungsverbot ist nicht verletzt. Denn es besteht ein Sachzusammenhang zwischen der Leistung der EVU und KKW-Betreiber einerseits und dem Verhalten des Bundes andererseits.[181] Der Förderbeitrag als Gegenleistung der KKW-Betreiber dient der langfristigen Sicherung der Energieerzeugung aus erneuerbaren Energien, indem er gerade für die Finanzierung von Maßnahmen auf diesem Gebiet Verwendung findet. Die Förderbeiträge sind jedoch nur zu zahlen, wenn der Bund die Laufzeiten der Kernkraftwerke verlängert und damit auch zur Sicherung der Energieversorgung beiträgt. Hierdurch soll ein geordneter Ausstieg aus der Kernenergie ermöglicht werden:

„Die aus dem nachfolgenden Vertrag erzielten Mittel sollen eingesetzt werden, um Effizienzfortschritte und den Ausbau der erneuerbaren Energien in Deutschland zu beschleunigen. Dies sind die entscheidenden Voraussetzungen, um langfristig auf Kernenergie verzichten zu können."[182]

Der FFV steht nach alledem grundsätzlich im Einklang mit § 56 Abs. 1 VwVfG und ist nicht gem. § 59 Abs. 2 Nr. 4 VwVfG nichtig.

---

180 *Schlette*, Die Verwaltung als Vertragspartner, 2000, S. 482 f.

181 Siehe nur *Schliesky*, in: Knack/Hennecke, VwVfG, 9. Aufl. 2010, § 56 Rn. 27.

182 Vorwort zum FFV.

3. Vereinbarkeit mit finanzverfassungsrechtlichen Grundsätzen

Der FFV wäre dann nichtig, wenn er gegen verfassungsrechtliche Vorgaben verstieße und diese Vorgaben als Verbotsgesetze zu qualifizieren wären, § 59 Abs. 1 VwVfG i.V.m. § 134 BGB. Das ist vorliegend aber nicht der Fall, insbesondere sind die Vorgaben der Finanzverfassung gewahrt.

a. Keine verfassungswidrige Abgabe

Nach ständiger Rechtsprechung des BVerfG ergeben sich aus der bundesstaatlichen Finanzverfassung (Art. 104a ff. GG) Grenzen für Abgaben, die der Gesetzgeber in Wahrnehmung einer ihm zustehenden Sachkompetenz auferlegt. Zwar enthält das Grundgesetz keinen abschließenden Kanon zulässiger Abgabetypen, so dass die Erhebung nichtsteuerlicher Abgaben verschiedener Art nicht ausgeschlossen ist.[183] Das BVerfG verlangt aber, dass der Staat seinen Finanzbedarf in erster Linie über steuerliche Abgaben decken muss und nichtsteuerliche Abgaben die Ausnahme bleiben sollen. Damit soll eine Umgehung der finanzverfassungsrechtlichen Grundsätze verhindert werden, die dem Schutz der Bürger vor übermäßiger Inanspruchnahme durch den Staat dienen.

Mit Blick auf die Förderbeiträge, die keine Steuern sind, stellt sich die Frage, ob sie eine Sonderabgabe im Sinne der verfassungsrechtlichen Rechtsprechung darstellen und den hierzu entwickelten Voraussetzungen genügen müssen. Dies ist indes zu verneinen, denn der Förderbeitrag stellt schon keine Abgabe dar. Es fehlt nämlich an einer von einem Hoheitsträger kraft öffentlichen Rechts *einseitig* auferlegten Geldleistungspflicht, die ein Gemeinwesen mit Finanzkraft ausstatten soll.[184] Den KKW-Betreibern wird die Zahlung des Förderbeitrags nicht einseitig von einem Hoheitsträger auferlegt; vielmehr haben sie sich zur Zahlung vertraglich, also auf Grundlage einer *zweiseitigen* Regelung, verpflichtet.[185]

---

183 BVerfGE 113, 128 (146 f.); siehe auch BVerfGE 93, 319 (342 f.); 108, 1 (16).

184 Siehe nur *Henneke*, Öffentliches Finanzwesen, Finanzverfassung, 2. Aufl. 2000, Rn. 271.

185 Vgl. auch *Henneke*, Öffentliches Finanzwesen, Finanzverfassung, 2. Aufl. 2000, Rn. 273.

Auch kommt eine Sonderabgabe nur dann in Betracht, wenn sie ohne Rücksicht auf eine korrespondierende Gegenleistung der öffentlichen Hand auferlegt wird.[186] Daran fehlt es im Fall der Förderbeiträge ebenfalls. Denn die KKW-Betreiber haben sich nur in Erwartung der als hinkende Leistungspflicht des Bundes vereinbarten Verlängerung der Laufzeiten zur Zahlung des Förderbeitrags verpflichtet, also nicht voraussetzungslos und ohne Rücksicht auf eine Gegenleistung des Bundes.

b. Verstoß gegen die finanzverfassungsrechtliche Verteilungsordnung?

Im Rahmen der Vereinbarkeit des FFV mit der Finanzverfassung stellt sich zusätzlich die Frage, ob die Regelungen über die finanzverfassungsrechtliche Verteilungsordnung verletzt werden. Das BVerfG betont die bundesstaatliche Finanzverfassung als einen auf Formenbindung und Formenstrenge angelegten „Eckpfeiler der bundesstaatlichen Ordnung".[187] Aus Sicht des BVerfG ist es demnach vorstellbar, dass das finanzverfassungsrechtliche Gebot der Formenstrenge dadurch verletzt wird, dass Einnahmen des Staates außerhalb der Art. 104a ff. GG erzielt werden (d.h. in Form von nichtsteuerlichen Einnahmen):

„Sollte sich allerdings in der Zukunft erweisen, dass neuartige Einnahmequellen mit bedeutsamen Erträgen das von Art. 106 GG zu Grunde gelegte Verteilungssystem sprengen, könnte der verfassungsändernde Gesetzgeber gefordert sein."[188]

Die Hürden, die das BVerfG diesbezüglich aufstellt, sind jedoch sehr hoch. Es muss sich um *bedeutsame* Erträge handeln, die das Verteilungssystem *sprengen*. Im Fall der Versteigerungserlöse aus UMTS-Lizenzen, die sich auf eine Summe von etwa 50 Mrd. Euro beliefen, sah das BVerfG die Grenze noch nicht als überschritten an.[189] Vor diesem Hintergrund lässt sich bei den aus den Förderbeiträgen generierten Einnahmen, die

---

186 BVerfGE 67, 256 (274 ff.); *Siekmann*, in: Sachs, GG, 5. Aufl. 2009, Vor Art. 104a Rn. 151.

187 BVerfGE 55, 274 (300); 105, 185 (194).

188 BVerfGE 105, 185 (194 f.).

189 BVerfGE 105, 185 (194 ff.).

deutlich mit deutlich weniger als 50 Mrd. Euro veranschlagt wurden, ebenfalls keine Verletzung des Gebots der Formenstrenge annehmen.[190]

4. Vereinbarkeit mit dem Demokratieprinzip

Im Hinblick auf den FFV wird am schärfsten kritisiert, dass die Laufzeitverlängerung in einer Absprache zwischen Bundesregierung und Energieversorgungsunternehmen entstanden sei und es sich faktisch um eine „Gesetzgebung ohne Gesetzgeber" handele.[191] Diese Kritik geht jedoch fehl. Der FFV steht im Einklang mit dem in Art. 20 Abs. 1 und Abs. 2 GG verankerten Demokratieprinzip und ist kein Normsetzungsvertrag.[192]

a. Kein Normsetzungsvertrag

In Rechtsprechung und Literatur herrscht weitgehend Einigkeit darüber, dass Verträge, die eine Rechtsnorm ersetzen, d.h. die Verpflichtung zum Erlass einer bestimmten Rechtsnorm zum Gegenstand haben (sog. echte Normsetzungsverträge), unwirksam sind.[193] In derartigen Fällen besteht grundsätzlich die Gefahr, dass die vertragliche Vorwegbindung die im Rechtsetzungsverfahren vom Normgeber vorzunehmende Abwägung verhindert und so zu einem Verstoß gegen das aus dem Demokratie- und Rechtsstaatsprinzip resultierende verfassungsrechtliche Abwägungsgebot führt.[194] Des Weiteren wird die Nichtigkeit mit einem Ver-

190 Gegenteilige Auffassung wohl *Waldhoff/v. Aswege*, Kernenergie als „goldene Brücke"? Verfassungsrechtliche Probleme der Aushandlung von Laufzeitverlängerungen gegen Gewinnabschöpfungen, 2010, S. 40.

191 So *Kloepfer/Bruch*, JZ 2011, 377 (380).

192 Die Nichtigkeit bei Verstößen gegen das Demokratieprinzip wird z.T, aus § 59 Abs. 1 VwVfG i.V.m. § 134 BGB auch aus einem impliziten Handlungsformverbot i.S.v. § 54 Satz 1 VwVfG hergeleitet. Ausführlicher hierzu *Spannowsky*, Grenzen des Verwaltungshandelns durch Verträge und Absprachen, 1994, S. 150 f.

193 Siehe BVerwG, DÖV 1981, 878 (879); BGHZ 76, 16 (22); VGH Kassel, NVwZ 1985, 839 (840); *Spannowsky*, Grenzen des Verwaltungshandelns durch Verträge und Absprachen, 1994, S. 149.

194 *Spannowsky*, Grenzen des Verwaltungshandelns durch Verträge und Absprachen, 1994, S. 151.

stoß gegen den Grundsatz der Gewaltenteilung und einer Verletzung der Abgeordnetenrechte aus Art. 38 Abs. 1 Satz 2 GG begründet.[195]

Indes ist der FFV kein Normsetzungsvertrag. Er enthält gerade keine Verpflichtung des Bundes, eine Rechtsnorm - nämlich die Änderung von § 7 Abs. 1a Sätze 1 und 2 AtG, § 7 Abs. 1b Satz 1 AtG, § 7 Abs. 1c Satz 1 Nr. 1 AtG sowie die Schaffung von Spalte 4 der Anlage 3 zu § 7 AtG - zu erlassen (vgl. dazu schon oben C. II.). Die gesetzgeberische Festlegung der Laufzeitverlängerung und der Übertragbarkeit von Elektrizitätsmengen sind als hinkende Gegenleistung des Bundes lediglich Bedingung für das Inkrafttreten und die Wirksamkeit des FFV. Darüber hinaus ist die Laufzeitverlängerung selbst auch nicht Gegen-stand des FFV. Dieser regelt nur deren fiskalische Folgen.

b. Kein faktischer Normsetzungsvertrag

Entgegen einer in der Literatur vertretenen Ansicht stellt der FFV auch keinen faktischen Normsetzungsvertrag dar.[196] Begründet wird diese Auffassung in erster Linie damit, dass die Bundesregierung in Überschreitung ihrer Kompetenzen aus Art. 76 Abs. 1 GG (Gesetzesinitiativrecht der Bundesregierung) mit den KKW-Betreibern eine Absprache getroffen habe, die gegenstandslos würde, wenn der Bundesgesetzgeber sie nicht unverändert passieren ließe. Dadurch verliere das Parlament jeglichen Entscheidungsspielraum und sei faktisch gezwungen, das Gesetz ohne eigene Sachprüfung zu verabschieden. Dem formellen Gesetzesbeschluss fehle daher sein materielles Substrat, was zu einer Aushöhlung der Gesetzgebungskompetenz des Parlaments führe.[197]

---

195 Vgl. *Kloepfer/Bruch,* JZ 2011, 377 (381 f.); *Waldhoff/v. Aswege,* Kernenergie als „goldene Brücke"? Verfassungsrechtliche Probleme der Aushandlung von Laufzeitverlängerungen gegen Gewinnabschöpfungen, 2010, S. 67 ff., 72 f.

196 So aber *Kloepfer/Bruch,* JZ 2011, 377 (383 f.); siehe auch *Waldhoff/v. Aswege,* Kernenergie als „goldene Brücke"? Verfassungsrechtliche Probleme der Aushandlung von Laufzeitverlängerungen gegen Gewinnabschöpfungen, 2010, S. 64 f.

197 Siehe *Kloepfer/Bruch,* JZ 2011, 377 (383); *Waldhoff/v. Aswege,* Kernenergie als „goldene Brücke"? Verfassungsrechtliche Probleme der Aushandlung von Laufzeitverlängerungen gegen Gewinnabschöpfungen, 2010, S. 68 f.

Diese Ansicht ist unzutreffend. Denn der Bundestag hätte die Gesetze zur Laufzeitverlängerung (Elfte und Zwölfte AtG-Novelle, EKFG) rechtlich und faktisch in geänderter Fassung oder gar nicht verabschieden können. Allein die Tatsache, dass dem Bund für den Fall einer Laufzeitverlängerung aufgrund des FFV finanzielle Mittel in nicht unbeträchtlicher Höhe zufließen, führt nicht zu einer Einschränkung der Entscheidungsfreiheit und des verfassungsrechtlichen Letztentscheidungsrechts des Parlaments. Es wäre dem Bundestag unbenommen gewesen, die Regierung zu einem Nachverhandeln mit den KKW-Betreibern zu zwingen, wenn er die getroffene Vereinbarung für unangemessen gehalten hätte. Im Übrigen ist auf die (lediglich deklaratorische) Ermächtigungsvorschrift des § 4 Abs. 3 EKFG hinzuweisen, deren Inkrafttreten ebenfalls Bedingung für das Wirksamwerden des FFV ist (§ 6.1 FFV). Der Gesetzgeber hat das EKFG einschließlich der Ermächtigungsnorm in dem Bewusstsein verabschiedet, damit die Be-dingung für das Wirksamwerden des FFV zu erfüllen. Dadurch hat er zugleich den Abschluss des Vertrages legitimiert.

Eine faktische Bindung besteht auch nicht mit Blick auf künftige Parlamente. Zwar ist es richtig, dass eine Veränderung der bei Abschluss des FFV geltenden Gesetzeslage (insbesondere Regelungen, die eine Laufzeitverkürzung oder eine Beschränkung der Übertragbarkeit von Elektrizitätsmengen vorsehen) u.a. zu einer Minderung der Förderbeiträge oder zu einer Anpassung oder Aufhebung des FFV führen können (vgl. § 4.1, § 5 FFV). Auch hier führt jedoch allein der Umstand, eines finanziellen Vorteils verlustig zu werden, nicht zu einer Einschränkung des Entscheidungsspielraums. Der FFV erhält dadurch auch nicht den Charakter eines „Normabwendungs- bzw. Normkonservierungsvertrags".[198] Der vermeintliche Anreiz, der für den Gesetzgeber in Anbetracht der angespannten Haushaltslage bestehen könnte, eine Rechtsänderung nicht vorzunehmen, um keine Einnahmen zu verlieren, ist jedenfalls nicht größer als beispielsweise bei jeder Änderung der Steuergesetzgebung, durch die sich das Steueraufkommen des Bundes vermindert. Insofern ist die Gefahr einer Bindung künftiger Parlamente jedenfalls nicht

198 So *Kloepfer/Bruch*, JZ 2011, 377 (383 f.).

speziell dadurch begründet, dass der Zahlung der Förderbeiträge eine vertragliche Vereinbarung zugrunde liegt. Im Hinblick auf Gesetzesänderungen, die die Kernbrennstoffsteuer betreffen, stellt sich das Problem ohnehin nicht, da zwar die Förderbeiträge bei einer Anhebung der Kernbrennstoffsteuer sinken würden (§ 4.1 FFV), aber die Gesamteinnahmen letztlich konstant bleiben, weil der Ertrag aus der Kernbrennstoffsteuer steigt. Etwaige Mindereinnahmen des Energie- und Klimafonds könnten dann mittels eines Teils des Steuerertrags ausgeglichen werden.

Der FFV hat also nicht das Parlament vorweggebunden. Vielmehr traf der Gesetzgeber im Einklang mit dem Demokratieprinzip nach der verfassungsrechtlich gebotenen Abwägung der widerstreitenden Interessen selbst die Entscheidung darüber, ob die Laufzeiten der KKW verlängert werden sollen oder nicht.

5. Vereinbarkeit mit Grundrechten und dem Recht der Europäischen Union

Der FFV verstößt auch nicht gegen Grundrechte oder gegen das Recht der Europäischen Union (§ 59 Abs. 1 VwVfG i.V.m. § 134 BGB).

a. Grundrechte

Eine Verletzung staatlicher Schutzpflichten aus Art. 2 Abs. 2 Satz 1 GG könnte angenommen werden, wenn der Bund im FFV etwa auf die Erfüllung von Sicherheitsanforderungen durch die KKW-Betreiber verzichtet hätte. Dies ist jedoch nicht der Fall. Der FFV enthält schon gar keine Regelungen über Sicherheitsanforderungen. In der Vorbemerkung zum FFV kommt dies unmissverständlich zum Ausdruck:

„Die Sicherheit der Kernkraftwerke hat dabei die höchste Priorität. Die nachfolgenden Vereinbarungen schränken in keiner Weise den Umfang von Sicherheits- und Nachrüstungsanforderungen ein, die die zuständigen Behörden ausschließlich nach den gesetzlichen, insbesondere atomrechtlichen Vorgaben festlegen."

Etwas anderes folgt auch nicht daraus, dass gem. § 4.1 FFV die Förderbeiträge gemindert werden, wenn die Kosten für Nachrüstungs- und Sicherheitsmaßnahmen einen bestimmten Betrag übersteigen. Denn ein unzulässiges Verhalten läge allenfalls dann vor, wenn die zuständigen staatlichen Stellen mit Blick auf diese Vertragsklausel davon absehen würden, erforderliche Sicherheitsmaßnahmen anzuordnen, um eine Verringerung des Förderbeitrags zu verhindern. Ein derart rechtswidriges, die atomrechtlichen Anforderungen außer Acht lassendes Verhalten der Behörden, ist indes nicht anzunehmen.

Der Vertrag verletzt auch nicht die Konkurrenten der KKW-Betreiber in ihrer Berufsfreiheit, die darauf vertraut haben, dass Atomstrom ab dem im Atomkonsens 2002 festgelegten Zeitpunkt nicht mehr produziert werden darf. Denn Art. 12 Abs. 1 GG vermittelt gerade keinen Anspruch auf Erfolg im Wettbewerb und auf die Sicherung künftiger Erwerbsmöglichkeiten.[199] Auch der Schutzbereich von Art. 14 Abs. 1 GG ist insofern nicht betroffen, denn die Eigentumsgarantie schützt lediglich das Erworbene, nicht jedoch den Erwerb, d.h. nicht künftige Gewinnchancen.[200]

b. Recht der Europäischen Union

Ein Verstoß des FFV gegen das Recht der Europäischen Union scheidet aus. Zwar stellen insbesondere das Beihilfenverbot des Art. 107 AEUV sowie Art. 106 AEUV i.V.m. Art. 102 AEUV Verbotsgesetze i.S.v. § 134 BGB dar.

Ein Verstoß gegen Art. 107 AEUV liegt schon deswegen nicht vor, weil es an einer staatlichen Beihilfe fehlt.[201] Weder die Laufzeitverlängerung und die daraus resultierende Möglichkeit zur Erzielung zusätzlicher Gewinne aus der Kernenergieerzeugung noch die nicht vollständige Abschöpfung dieser Gewinne stellen Beihilfen dar. Eine Beihilfe würde nämlich voraussetzen, dass den KKW-Betreibern ein Vorteil gewährt

199 Siehe BVerfGE 105, 252 (265); BVerwGE 71, 183 (193).

200 Vgl. BVerfGE 30, 292 (334 f.); 77, 84 (118).

201 Zu diesem Ergebnis gelangt auch der Vizepräsident der Europäischen Kommission Joaquín Almunia im Namen der Kommission in seiner Antwort auf die Parlamentarische Anfrage vom 17. November 2010 (E-8473/2010, abrufbar unter http://www.europarl.europa.eu/sides/getAllAnswers.do?reference=E-2010-8473&language=DE, letzter Abruf: 7.6.2011).

wird, der unmittelbar oder mittelbar aus einem staatlichen Haushalt stammt.[202] Dieses Kriterium ist nicht erfüllt. Denn der Bund verzichtet nicht auf finanzielle Mittel, die ihm eigentlich zustünden, weil er auf die Gewinne aus der Laufzeitverlängerung keinen Anspruch hat. Insofern wird der Bundeshaushalt ebenso wenig belastet wie durch die Laufzeitverlängerung als solche.

Im Hinblick auf Art. 106 AEUV i.V.m. Art. 102 AEUV liegt ein Verstoß ebenfalls nicht vor. Art. 106 i.V.m. Art. 102 AEUV verbietet es den Mitgliedstaaten, in Bezug auf Unternehmen, denen sie besondere Rechte gewähren, Maßnahmen zu ergreifen, die zum Missbrauch einer marktbeherrschenden Stellung führen oder eine solche beibehalten. Die KKW-Betreiberunternehmen könnten allenfalls als Unternehmen mit Sonderrechten i.S.v. Art. 106 Abs. 1 AEUV anzusehen sein. Dies würde aber voraussetzen, dass ihnen die ausschließlichen oder besonderen Rechte „gewährt" werden. Das kann dann nicht angenommen werden, wenn die Rechte auf allgemein geltenden Gesetzen beruhen, weil es insofern an einer der „Gewährung" immanenten besonderen Beziehung zwischen Mitgliedstaat und Unternehmen fehlt.[203] Das AtG, welches die Regelungen zur Erzeugung von Kernenergie enthält, ist aber ein allgemein geltendes Gesetz. Mithin fehlt es bereits am tatbestandlichen Erfordernis eines Unternehmens mit Sonderrechten i.S.v. Art. 106 Abs. 1 AEUV.

E. Folgen einer Rücknahme der Laufzeitverlängerung

Infolge des Reaktorunfalls im japanischen Fukushima im März 2011 erließ die Bundesregierung zunächst ein dreimonatiges Moratorium über die sieben ältesten Kernkraftwerke in Deutschland. Zudem wurde bereits zu diesem Zeitpunkt deutlich, dass die Bundesregierung eine ener-

202 Siehe *Cremer*, in: Calliess/Ruffert, EUV/AEUV, 4. Aufl. 2011, Art. 107 AEUV Rn. 28 m.w.N.

203 Vgl. *Wernicke*, in: Grabitz/Hilf/Nettesheim, Das Recht der Europäischen Union, 43. Aufl. 2011, Art. 106 AEUV Rn. 35 m.w.N.

giepolitische Kehrtwende vollziehen und einen beschleunigten Ausstieg aus der Kernkraft vorantreiben würde.[204]

Am 6. Juni 2011 hat die Bundesregierung ein Maßnahmenpaket beschlossen, das den beschleunigten Atomausstieg umsetzen soll.[205] Hierzu hat sie u.a. den Entwurf eines Dreizehnten Gesetzes zur Änderung des Atomgesetzes verabschiedet.[206] Dieses Gesetz hat der Bundestag am 30. Juni 2011 mit großer Mehrheit angenommen. Darin ist insbesondere eine Streichung der mit der Elften AtG-Novelle zusätzlich gewährten Elektrizitätsmengen vorgesehen. Für die sieben ältesten (bereits infolge des Moratoriums abgeschalteten) Atomkraftwerke und das Kraftwerk Krümmel erlischt die Berechtigung zum Leistungsbetrieb mit Inkrafttreten der Gesetzesnovelle. Für die drei jüngsten Anlagen sieht das Gesetz vor, dass deren Genehmigung zum Leistungsbetrieb spätestens im Jahr 2022 erlischt; für die übrigen Anlagen gestaffelt spätestens in den Jahren 2015/2017/2019/2021. Die Übertragung von Elektrizitätsmengen soll - unter Beachtung der jeweiligen Abschaltzeitpunkte - weiterhin möglich sein. Schließlich besteht nach dem Entwurf die Möglichkeit, eines der Kernkraftwerke, die nach dem Moratorium nicht wieder ans Netz gehen, bis zum Frühjahr 2013 als Reservekraftwerk für den Ausgleich etwaiger Energieengpässe bereitzuhalten.

Die aktuellen politischen Entwicklungen bleiben für den FFV nicht ohne rechtliche Folgen. So entfällt die Verpflichtung der EVU zur Zahlung der Vorausleistungen gemäß § 2.1 FFV. Zwar regelt der FFV die Folgen einer Aufhebung der LZV auf die Vorausleistungen nicht ausdrücklich. Aller-

---

204 Siehe hierzu die Regierungserklärung der Bundeskanzlerin vom 17.3.2011: „Die Lage nach dem Moratorium wird eine andere sein als die Lage vor dem Moratorium, denn alles kommt auf den Prüfstand. Sie wird darüber hinaus - das sage ich, damit da auch kein Missverständnis entsteht - auch eine andere Lage sein als die Lage zur Zeit des rot-grünen Gesetzes. [...]" Bulletin der Bundesregierung Nr. 27-1 vom 17.3.2011, S. 8 (abrufbar unter http://www.bundesregierung.de/Content/DE/Bulletin/2011/03/Anlagen/27-1-bk,property=publicationFile.pdf, letzter Abruf: 8.6.2011).

205 Siehe hierzu die Übersicht über die gefassten Beschlüsse des Bundeskabinetts zur Energiewende unter http://www.bmu.de/energiewende/doc/47467.php.

206 BR-Drs. 340/11; später ersetzt durch BT-Drs. 17/6070 vom 6. Juni 2011.

dings folgt dieses Ergebnis aus einer am Wortlaut von § 2.1 FFV ausgerichteten Vertragsauslegung, die durch vertragssystematische Überlegungen und die Interessenlage der Parteien bestätigt wird. Es entspricht nämlich dem Willen der Vertragsparteien des FFV, dass die Verpflichtung zur Zahlung der Vorausleistung mit der Zuweisung zusätzlicher Elektrizitätsmengen konditionell verbunden ist (sog. hinkender Austauschvertrag, s. D. II. 3). Wird Letztere rückgängig gemacht, so entfällt auch die Verpflichtung zur Leistung der Vorauszahlungen. Dies kann zum einen aus dem Wortlaut des § 2.1 FFV geschlossen werden, wonach die Vorausleistungen *auf Grundlage der Zusätzlichen Elektrizitätsmengen* erbracht werden, zum anderen auch aus der Zielsetzung des FFV, den Bund an den zusätzlichen Erträgen aus der LZV zu beteiligen. Darüber hinaus kommt auch ein Anspruch auf Rückerstattung der bereits erbrachten Vorausleistungen in Betracht.

Mit dem Ausbleiben der Förderbeiträge gerät auch die Finanzierung des Energie- und Klimafonds in Gefahr, da dessen wichtigste Finanzierungsquelle entfällt. Die Bundesregierung will die so entstehende Finanzierungslücke ausgleichen, indem sie dem Fonds ab dem Jahr 2012 sämtliche Einnahmen des Bundes aus der Versteigerung von Emissionszertifikaten unmittelbar zukommen lässt. Der Fonds soll dadurch ab dem Jahr 2013 über jährliche Einnahmen von drei Milliarden Euro verfügen.[207]

F. Zusammenfassung

Der FFV erweist sich als verfassungsmäßiges und gesetzeskonformes Instrument, um die wirtschaftlichen Folgen einer Gesetzesnovellierung auf konsensualer Basis abzuschöpfen. Er ist ein fiskalischer Folgenvertrag, der als hinkender Austauschvertrag konzipiert ist. Hingegen handelt es sich nicht um einen unzulässigen Normsetzungsvertrag.

---

207 Vgl. dazu den Gesetzentwurf der Bundesregierung zur Änderung des Gesetzes zur Errichtung eines Energie- und Klimafonds vom 6.6.2011, BR-Drs. 338/11. Die Einnahmen des Fonds aus der Kernbrennstoffsteuer sollen ebenfalls gestrichen werden.

In Anbetracht der aktuellen politischen Entwicklung und der Rückgängigmachung der Laufzeitverlängerung ist davon auszugehen, dass der FFV als Finanzierungsinstrument für die Zukunft ausgedient hat. In verwaltungsrechtsdogmatischer Hinsicht wird der FFV allerdings auch für die Zukunft eine bedeutende Rolle einnehmen. Zum einen zeigt er, dass die Figur des hinkenden Austauschvertrages nicht auf den Bereich des Bauplanungsrechts beschränkt ist, sondern auch in einem gesamtwirtschaftlich relevanten Kontext eingesetzt werden kann. Damit verdeutlicht er die Flexibilität konsensualen Verwaltungshandelns und ergänzt die öffentlich-rechtliche Vertragstypologie. Zum anderen lassen sich am FFV klassische Fragen des Verfassungs- und Verwaltungsrechts analysieren. Eine genaue Untersuchung des FFV zeigt, dass nicht jede Konnexität zwischen Vertrag und Gesetzgebung zur Unzulässigkeit des Vertrages führt. Eine solch formale Sichtweise wäre nicht nur dem grundgesetzlichen Modell der Gewaltengliederung fremd. Sie kann insbesondere auch nicht aus dem materiellen Gehalt des Demokratieprinzips abgeleitet werden.

Veröffentlichungen des Instituts für deutsches und europäisches Wirtschafts-, Wettbewerbs- und Regulierungsrecht der Freien Universität Berlin

Herausgegeben von Franz Jürgen Säcker

Band 1 Franz Jürgen Säcker (Hrsg.): Deutsch-russisches Energie- und Bergrecht im Vergleich. Ergebnisse einer Arbeitstagung vom 31. März / 1. April 2006. 2007.

Band 2 Franz Jürgen Säcker / Walther Busse von Colbe (Hrsg.): Wettbewerbsfördernde Anreizregulierung. Zum Anreizregulierungsbericht der Bundesnetzagentur vom 30. Juni 2006. 2007.

Band 3 Dirk Zschenderlein: Die Gleichbehandlung der Aktionäre bei der Auskunftserteilung in der Aktiengesellschaft. Zum Problem der Zulässigkeit der Weitergabe von Informationen an einzelne Aktionäre und Dritte. 2007.

Band 4 Simone Kirchhain: Die Anwendung der Vertikal-GVO auf innerstaatliche Wettbewerbsbeschränkungen nach der 7. GWB-Novelle. 2007.

Band 5 Franz Jürgen Säcker: Der Independent System Operator. Ein neues institutionelles Design für Netzbetreiber? 2007.

Band 6 Stefanie Otto: Allgemeininteressen im neuen UWG. § 1 S. 2 UWG und die wettbewerbsfunktionale Auslegung. 2007.

Band 7 Jochen Eichler: Vertragliche Dritthaftung. Eine Auseinandersetzung mit der Frage der Dritthaftung von sogenannten Experten und anderen Auskunftspersonen im Rahmen des § 311 Abs. 3 BGB. 2007.

Band 8 Markela Stamati: Die Anforderungen der operationellen Entflechtung nach den Beschleunigungsrichtlinien der Europäischen Kommission. Umsetzung in Deutschland und Griechenland. 2008.

Band 9 Franz Jürgen Säcker: The Concept of the Relevant Product Market. Between Demand-Side Substitutability and Supply-Side - Substitutability in Competition Law. 2008.

Band 10 Renate Rabensdorf: Die Durchgriffshaftung im deutschen und russischen Recht der Kapitalgesellschaften. Eine rechtsvergleichende Untersuchung. 2009.

Band 11 Franz Jürgen Säcker: Der beschleunigte Ausbau der Höchstspannungsnetze als Rechtsproblem. Erläutert am Beispiel der 380-kV-Höchstspannungsleitung Lauchstädt – Redwitz – Grafenrheinfeld mit Querung des Rennsteigs im Naturpark Thüringer Wald. 2009.

Band 12 Helen Mahne: Eigentum an Versorgungsleitungen. 2009.

Band 13 Franz Jürgen Säcker (Hrsg.): Russisches Energierecht - Gesetzessammlung. 2009.

Band 14 Franz Jürgen Säcker / Maik Wolf: Integrierte Energieversorgung in geschlossenen Verteilernetzen. Zum Gestaltungsspielraum des Gesetzgebers zur Neuregelung des § 110 EnWG im Lichte des Dritten EG-Energiepakets. 2009.

Band 15 Franz Jürgen Säcker (Hrsg.): Das Dritte Energiepaket für den Gasbereich. Deutsch-Englische Textausgabe mit einer Einführung. 2009.

Band 16 Franz Jürgen Säcker (Hrsg.): Das Dritte Energiepaket für den Elektrizitätsbereich. Deutsch-Englische Textausgabe mit einer Einführung. 2009.

Band 17 Thomas Dörmer: Die Unternehmenspacht. Rechtsstellung der Vertragsparteien unter besonderer Berücksichtigung der Pflicht des Unternehmenspächters zur ordnungsgemäßen Unternehmensführung sowie der Rechtslage bei Vertragsbeendigung. 2010.

Band 18 Klaas Bosch: Die Kontrolldichte der gerichtlichen Überprüfung von Marktregulierungsentscheidungen der Bundesnetzagentur nach dem Telekommunikationsgesetz. 2010.

Band 19 Geng-Sook Leem: Einheitliche Corporate Governance-Grundsätze für die Europäische Aktiengesellschaft (SE). Eine rechtsvergleichende Untersuchung anhand der Ausgestaltung der SE im deutschen und britischen Recht. 2010.

Band 20 Wiebke Gebhardt: Gentechnik und Koexistenz nach der Gesetzesnovelle von 2008: Zivilrechtliche Haftung im Vergleich Deutschland und USA. 2010.

Band 21 Cathrin Isenberg: Die Geruchsmarke als Gemeinschaftsmarke. Schutzfähigkeit und Einsatzmöglichkeiten. 2010.

Band 22 Franz Jürgen Säcker / Jochen Mohr / Maik Wolf: Konzessionsverträge im System des europäischen und deutschen Wettbewerbsrechts. 2011.

Band 23 Judith Antonia Loeck: Die unzumutbare Belästigung nach der UWG Novelle 2008 und dem Gesetz zur Bekämpfung unerlaubter Telefonwerbung und zur Verbesserung des Verbraucherschutzes bei besonderen Betriebsformen. 2011.

Band 24 Jörg Jaecks: Konzernverrechnungsklauseln und verwandte einseitige Verrechnungsbefugnisse im Mehrpersonenverhältnis. 2011.

Band 25 Franz Jürgen Säcker: Marktabgrenzung, Marktbeherrschung, Markttransparenz und Machtmissbrauch auf den Großhandelsmärkten für Elektrizität. 2011.

Band 26 Susanne Wende: Die einheitliche Auslegung von Beihilfen- und Vergaberecht als Teilgebiete des europäischen Wettbewerbsrechts. 2011.

Band 27 Leonie Kempel: Die Anwendung von Art. 102 AEUV auf geistiges Eigentum und Sacheigentum. Die Voraussetzungen des Kontrahierungszwangs nach Art. 102 AEUV und der Essential-Facility-Doktrin unter besonderer Berücksichtigung der Unterschiede zwischen geistigem Eigentum und Sacheigentum. 2011.

Band 28 Christoph Schuldt: Werbejingles – schützenswerte Kompositionen!? Die urheberrechtliche und markenrechtliche Schutzfähigkeit von Werbejingles vor unbefugter Nachahmung. 2012.

Band 29 Lydia Scholz: Die Rechtfertigung von diskriminierenden umweltpolitischen Steuerungsinstrumenten. Eine Untersuchung der Reichweite der Warenverkehrsfreiheit und ihrer Begrenzung durch den Umweltschutz als Vertragsziel am Beispiel der deutschen Energiefördergesetze EEG und KWKModG. 2012.

Band 30 Franz Jürgen Säcker: Investitionen in Kraftwerke zur Sicherung einer zuverlässigen Elektrizitätsversorgung nach der Energiewende. Rechtliche und ökonomische Rahmenbedingungen. 2012.

www.peterlang.de

FSC
www.fsc.org
MIX
Papier | Fördert gute Waldnutzung
FSC® C083411

Kolibri 360 GmbH
Ferdinand-Jühlke-Straße 7
99095 Erfurt, Deutschland
produktsicherheit@kolibri360.de